ワークショップのはなしをしよう

芸術文化がつくる地域社会

今井良朗 著

武蔵野美術大学出版局

ワークショップのはなしをしよう

芸術文化がつくる地域社会

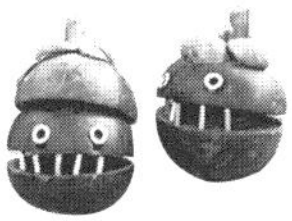

はじめに

アートやデザインは、生活から生まれたものであり、身近なものであるにもかかわらず、特別なものという印象がある。アートやデザインは誰のためにあるのか、四〇年以上も前に感じた疑問が現在まで繋がっている。教育の現場では、技術的なことや表現することが先行し、文化的な視点から語られることがあまりなかったからである。アートもデザインも生活環境の中でこそ意味を持つ。一貫して考えてきたことであり、これまで、制作も研究もそこを基盤にしてきた。

本書は、当初これまでの講義を中心にまとめるつもりだった。ワークショップの事例を中心にしたのは、アートやデザインを今日的な視点で捉えるためには、日々の暮らしに目を向け、地域とのかかわりを新たな視点で捉える必要があると考えたからである。網走市のデザイン講座にかかわり始めたのは一七年前だが、この間に、考え方も方法論も変わっていった。反省すべきことも多いが、問題点や課題、可能性を明らかにすることもできた。

一章は、徳島県神山町で学生たちと手探りではじめたワークショップのプロセスと、地域に密着した「場」の可能性を実践することの意義を紹介した。二章では、アートで人の「場」と「縁」が生まれることを実感した北海道網走市のアートセミナーの実例を挙げた。市民と地域の芸術文化に関心を持つきっかけになった「場」でもある。三章は、一〇年以上続く安曇野松川村の活動である。生活に根づく芸術文化の実践を通して、地域活動とワークショップが抱える問題や課題の実状と、困難を乗り越えていくための取り組みを紹介した。四章では、ワークショップから発展し、住民と共同で制作した松川村の食文化を伝える絵本づくりを紹介した。その土地を理解し、積極的に溶け込むことが可能にする試みであり、絵本を媒介に新たな展開を見ることができた。

私はワークショップの専門家ではない。社会的作用と文化を意識したさまざまな活動の手段として行ってきたことが、たまたまワークショップという形になったといってもいい。ワークショップに対する概念は、その捉え方が必ずしも共通しているわけではない。しかし、形の無いものだからこそ、多彩なテーマをさまざまな手法に置き換えることができる。

本書は、地域活動の手段としてワークショップをまとめたものであるが、表現者だけでなく、芸術を社会に繋ぐ人たちと受容者のために、身近なテーマから芸術と社会、芸術と生活を理解することを主眼にまとめた。また、それぞれの章ごとに講義で語ってきたことを論考として反映させた。これまでの活動の記録を残しておくことが、芸術文化を多くの人が実感できる一助になればと願っている。

4. ワークショップから絵本づくりへ　松川村の文化と食を伝える『とんすけとこめたろう　はじめての松川村』、レシピ本『松川村の行事食と伝えたい料理』……160

ブックデザイン・西中賢

1

地域に密着したワークショップの試み
——徳島県 神山町・勝浦町

KamiyamArt 1999～

一九九九年、徳島県は重要な文化政策の一つである新長期計画圏域別プロジェクトを立ち上げ、東部中山間地域の四か町村、神山町、勝浦町、上勝町、佐那河内村を「国際文化村」として形成するための基礎的な調査を実施しました。

「文化・芸術」「国際交流」を実践的に行う活動拠点として「国際文化村」を位置づけ、地域の歴史、生活に根ざした活動や地域の自然にとけ込んだ、日常生活の一部として「芸術」「国際交流」を目指して計画が進んでいたのです。具体的には「どの地域でも通用したり、中央の文化、手法を持ち込むのではなく、あくまでも地域に密着したところから課題を引き出し、地域に固有の文化を継承創出していくことに重要な意味を与えるものでなければならない」という構想です。従来の器＝箱物をつくるための検討ではなく、休眠施設の活用を含め、四か町村の芸術や文化の広域連携を実現する必然性と柔軟性のあるものが求められ、広域連携と他地域との豊かな交流が期待されました。

ぼくのわたしの
すきな場所
Kamiyam▲rt
2000

徳島県と武蔵野美術大学芸術文化学科の連携

徳島県企画調整部より武蔵野美術大学に対して、〈とくしま国際文化村〉プロジェクト実現のための委託調査研究および事業実施（三年間）の依頼があり、徳島県と武蔵野美術大学の連携は一九九九年正式にスタートします。国際文化村構想委員会に教員三名、職員一名が参加し、芸術体験モデル事業として徳島県中山間地域で子どもたちや住民が気軽に造形活動を楽しみ、芸術・文化に触れる機会をひろげようという試みが企画されました。徳島県の国際文化村構想と、芸術文化学科の「芸術を社会生活の中に根づかせていくための実践的な地域活動への参加」という考え方が合致し、県と地域住民、大学が一体となって芸術体験モデル事業に取り組むことになったのです。

芸術体験モデル事業は〈とくしま・東方・験・文・録〉と名づけられました。［東方］は徳島の東部圏域を、［験］は体験する、試みるという能動的なかかわりを、［文］は芸術・文化などを包含した文化村を示し、［録］は「心にしるす」という意図を持ち、事業の定着と普及を現します。当初の目的は「新たな地域文化の創造と発信」「過疎化する地域と都市部との積極的な交流」「芸術、創作活動に親しめる機会づくり」「休眠施設の再活用」などの課題を十分に消化できる基盤（人的体制、住民意識）が地域に潜在していることを具体化す

調印式に参加した上分小学校の児童と保護者たち

ることでした。

　私たちが具体的に考えていたのは、造形行為を通して多くの人たちとの交流をつくり出すことでした。対象は子ども中心で、つくることの喜びや造形の魅力を知ってもらい、楽しんでもらうことに主眼を置きました。芸術との接点があまりなかった地元の人たちには、身近なものとして芸術の魅力を知ってもらうことを考えました。「地域の活性化」「地域文化の創造」は、結果としてそうあればいいという理想の形、理想の目標です。あまり力まずワークショップに取り組み始めたことが、結果的にはよかったのかもしれません。自分自身と向き合うことができる造形行為は、地域活動の手がかりとしては理解されやすい面があったからです。

　国際文化村構想委員会は、一九九九年六月から二〇〇〇年三月まで四回の委員会を開催し、『国際文化村基本構想報告書』を二〇〇一年三月に発行（註1）。一九九九年から二〇〇〇年にかけて、ほぼ毎月一回のペースで徳島を訪れ四か町村を視察しました。同じ東部中山間地域でも山を一つ隔てるだけで、継承されている文化と産業の新たな取り組みの違いを実感できたのは大きな収穫でした。

　二〇〇〇年一月には〈とくしま・東方・験・文・録〉実施のため、県知事、学長の出席のもと調印式が行われました。会場は休校になっている神山町上分

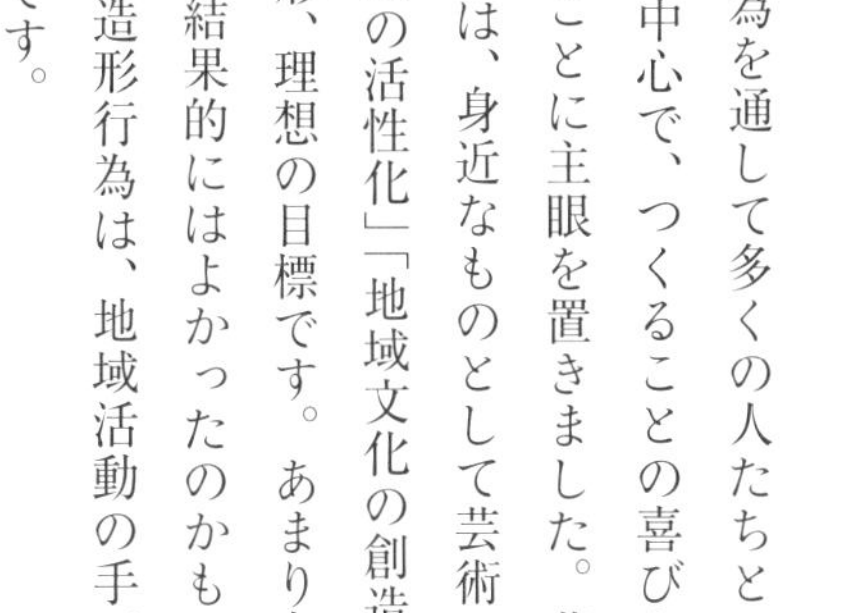

神山宣言を読み上げる

註1
国際文化村基本構想検討委員会
地域代表
山田善章、細川寛、中山多与子、清井保央、東野弘之、長尾久代、森昌槻、大南信也
行政担当者
入田定、山本敏寿、林利之、空野一夫
学識経験者・武蔵野美術大学
橋本梁司（会長）、今井良朗、瓦井秀和

中学校で、三月に休校が決まっていた上分小学校の児童全員が「神山宣言」を読み上げ、地元老人会による〈七福踊り〉が披露されました。第二部では、三月に実施するワークショップのデモンストレーションを芸術文化学科の学生が行うなど、地元の大きな期待を背景にはじまったのです(註2)。

第一回ワークショップ
「とくしま・東方・験・文・録　KamiyamArt 2000」

二〇〇〇年三月二五日から二八日まで五日間　神山町立上分中学校

神山町は鮎喰川沿いの美しい峡谷と緑の山々、棚田に囲まれた静かな山里で、全面積の八六%が山地で徳島県の中央部に位置しています。江戸末期から明治にかけては、阿波人形浄瑠璃が盛んに行われ、その舞台を飾った〈ふすま絵〉が今もたくさん残されています。文化への関心は現在も高く、国際文化村づくりなど、新しい町づくりのために動いてきたところです。

一九七六年から活動を続ける〈神山町成人大学講座〉は住民による生涯学習講座で、史跡探訪や民俗信仰の調査研究などが意欲的に行われ、成果は一九七九年から冊子としてまとめられて定期的に刊行しています。

註2
とくしま・東方・験・文・録「神山宣言」調印式
二〇〇〇年一月一六日
出席者
神山アート実行委員会委員長：西森由一
徳島県知事：圓藤寿穂
神山町 町長：高橋宏輔
武蔵野美術大学
学長：長尾重武
教員：橋本染司、今井良朗、椙義明、米徳信一、瓦井秀和
企画広報：瀧沢敬三、加藤徹

一九九八年に始まった〈アドプト・ア・ハイウェイ〉は、日本で最初に実施された道路清掃ボランティア制度です。同じ年に設立された〈神山アーティスト・イン・レジデンス〉は国内外のアーティストを招聘し、約一か月半町内に滞在、創作活動の支援と住民との交流を行い、海外でもひろく知られています。最近では廃家の活用やＩＴ関連企業の積極的な誘致でも話題になっています。地域に歴史と特性があり、住民全体が活動を支えている町といえるでしょう。

第一回ワークショップ「とくしま・東方・験・文・録　KamiyamArt 2000」は学生二七名、教職員八名、総勢三五名が参加。滞在中は学生、教職員が分散して、地元での民泊を受け入れてもらいました。アーティスト・イン・レジデンスなどの実績が民泊を可能にしたのですが、地域を理解し住民との交流を深める上でも理想的な環境です。二日間に講座を二つ開催し、最終日は参加者と保護者、地元の人たちや主催者を交え、作品のこと、ワークショップのこと、町のこと、これからの夢など、さまざまな意見を交換するためのディスカッションの場を設けました。

調印式が行われた神山町立上分中学校

神山町

みんなでつくろう大きな絵本

徳島の四季をテーマにタテ一五〇センチメートル、ヨコ九〇センチメートルを四枚組み合わせた大きな絵本をつくります。古くから地元に伝わる人形浄瑠璃の背景に使われた〈ふすま絵〉をヒントに、大きな絵本として現代によみがえらせる試みです。

四つのグループに分け、色紙を切って貼ったり、葉っぱや布を貼りつけたり、表現の仕方は自由です。そして発表を兼ね、でき上がった大きな絵本の前で、子どもたちが即興でつくった物語を演じました(註3)。

1

註3
第一回ワークショップは、二つの講座を開催。
ワークショップ1 二〇〇〇年三月二五、二六日
今井良朗が企画し芸術文化学科の教員および学生と共同で実施した。

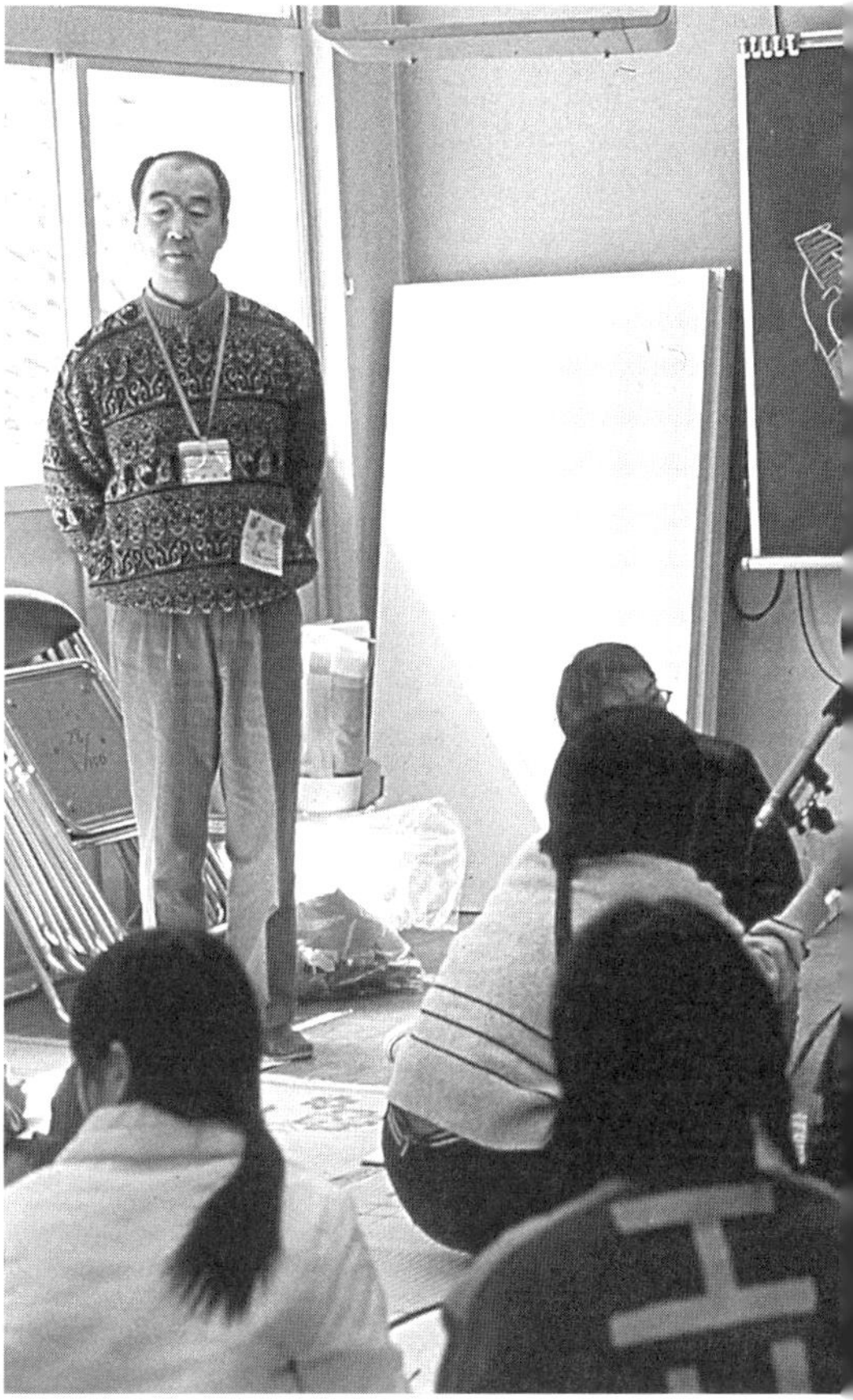

2

3

4

5

1　黒板を使って大きな絵本づくりの説明
2-3　アイデアスケッチ
4-5　素材を集めて、みんなで大きな絵本をつくる

6

7

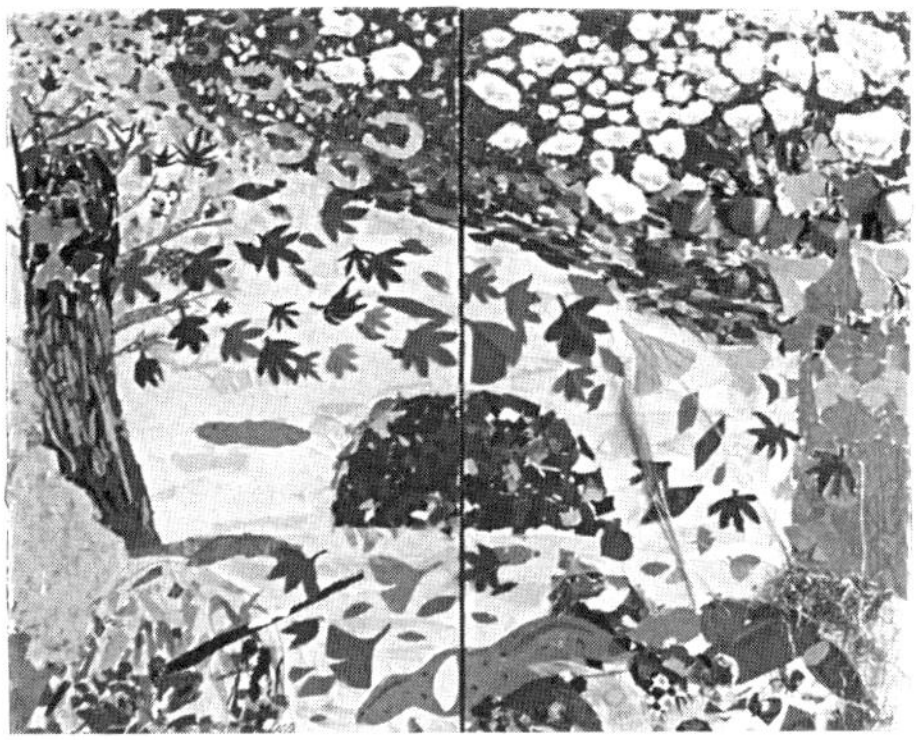

10

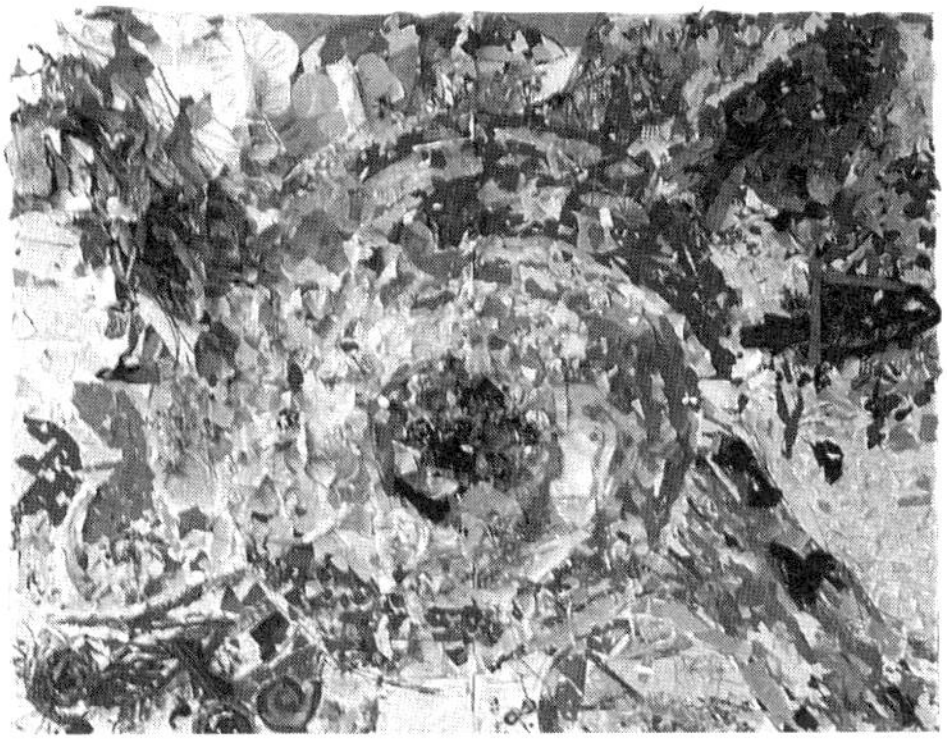

8

11

9

6-7　完成した絵本の前で子どもたちが即興の物語を演じる
8　春の絵本
9　夏の絵本
10　秋の絵本
11　冬の絵本

君だけロッカー・箱の中の博物館——光と影で遊ぼう

木枠の中に自分だけの世界をつくります。ビー玉、古いおもちゃ、写真、石ころ、空き缶、小枝など、身の周りにあるものを集め木枠の空間を構成します。完成したら木枠を積み木のように積み上げ、光をあてて色の変化と影で遊ぶのです。それぞれの世界が共鳴し合って大きな空間を生み出し繋がり合います。

最後に名前をつけて教室のロッカーに収めます。それは、かつて両親が中学生の頃使っていた扉のついたロッカーです。一五年を経た現在も残されています(註4)。

参加者募集のための当時のパンフレットの文言を紹介しましょう。学生も参加して作成されたものですが、そこに記されている言葉は、ワークショップに対する考え方とその後の地域プロジェクトの指針になっていきました。

とくしま＋ムサビ　造形ワークショップ　KamiyamArt 2000

春休み、みんな集まれ神山の里！
現在休校中の神山町上分中学校で
造形遊びをみんなで楽しんでみませんか

1-2　「君だけロッカー」のアイデアスケッチ
3　身の周りの素材で木枠の中を構成

あるのは石、小枝、紙、布、葉っぱなどなど・・・
これじゃあ遊べないって？ そんなことはありません
これだけあれば十分、
あとはステキな仲間と創造力さえあればいうことなし
きっと忘れられない春休みになるでしょう

1

2

3

註4
ワークショップ2　二〇〇〇年三月二七、二八日
椙義明が企画し芸術文化学科の教員および学生と共同で実施した。

4

6

5

4　配線を整えて。光が灯るとこんなかんじ

5　ちょっと微調整

6　木枠が完成

7

8

7-8　木枠を教室のロッカーに収めて明かりをつける

創造力とイメージを紡ぎ出す力は、誰もが生まれながらに持っています。心をやわらかくして、もっと自由に身の周りの「もの」に触れてみましょう。あらためて見つめ直し、「もの」たちが語る声を聞いてみるのです。過去の記憶やおもいがけない世界がそこに見えてきます。こうした「もの」たちを繋ぎ合わせ、語りかけていく行為が創造力を生み造形を生み出します。

武蔵野美術大学のスタッフと学生たちが、子どもの頃の新鮮な感覚を造形を通じて呼び起こし、芸術やデザインを生活の中に楽しむお手伝いをします。

地元の多くの人たちもさまざまな形で協力しお手伝いします。

子どもだけでなく、お父さん、お母さん、学生やいろいろな人たちに造形ワークショップを通じて生きた芸術を体感していただきたいと思います。

「もの」と触れ合い、人と触れ合うことで、普段何気なく暮らしている町を、地域のコミュニティを見直してみるきっかけにもなるでしょう。

これ以降、二〇〇二年まで行われたワークショップは次のようなものです。

・第二回「とくしま・東方・験・文・録　KamiyamArt 2000」
みつけた！ぼくのわたしの好きな場所
二〇〇〇年八月二六日、二七日　神山町立上分中学校
新たに一年生が加わったのを機に企画から準備、実施までを学生が中心になって進めました。また、この年は油絵学科三年生二名、視覚伝達デザイン学科三年生一名、基礎デザイン学科三年生一名、大学院映像コース一名も加わり、二六名の学生が参加しました。（詳細は二五ページ）

・第三回「とくしま・東方・験・文・録　わくわくショップ勝浦」
ビッグ星★祭り――光と影で遊ぼう
二〇〇一年三月一〇日、一一日　勝浦町旧坂本小学校
〈とくしま・東方・験・文・録〉の一環として、勝浦町ではじめて旧坂本小学校体育館を会場にワークショップを行いました。勝浦町には、悪いことをする星を弘法大師が閉じ込めて岩になったという「星の岩屋伝説」があります。この伝説をテーマに良い星、美しい星になって、光と影を楽しもうというものです。一人ひとりポーズする影から輪郭線を写し取り、そこにさまざまな素材を加えてオブジェをつくります。最後は半透明のスクリーンに光を投影し、オブジェを動かしながら影の動きや光の変化をみんなで楽し

2001年3月勝浦町旧坂本小学校　ビッグ星★祭り――光と影で遊ぼう

みました。

芸術文化学科二年生三名、一年生八名と油絵学科三年生一名、視覚伝達デザイン学科三年生一名が参加。


• 第四回「とくしま・東方・験・文・録　KamiyamArt 2001」ペタペタゆらゆら風あそび　神山スギをつくろう!

二〇〇一年八月二五日、二六日　神山町立上分中学校。

回を重ね三年生から一年生まで幅ひろい構成になり、地元実行委員会との交渉、連絡を含め、企画から準備、実施にいたるすべてを学生が中心になって進めました。神山を散策し、さまざまな草木を集めるところから始めます。集めた木の枝や葉っぱはスタンプとして使います。

一日目は五つのグループの旗づくり。大きな布にみんなで絵の具をつけ、スタンプ画法で模様をつけていきます。最後は翌日着るための、スタンプによるオリジナルTシャツづくりです。二日目は、約二メートルの木を三本組んで神山スギに見立て、布にスタンプした葉っぱを飾りつけます。そして一番上に旗をつけて完成です。二日目は校庭で作業し、キャンプファイアを囲む予定でしたが、あいにくの雨で体育館での作業になりました。

芸術文化学科三年生二名、二年生八名、一年生一一名と視覚伝達デザイン学科四年生一名が参加。

•第五回「とくしま・東方・験・文・録　わくわくショップ勝浦2002」勝浦の色を探そう！

二〇〇二年三月九日、一〇日　勝浦町ふれあいの里さかもと

古代から現代まで、絵画には絵の具の役割、技術が欠かせません。その絵の具に着目し、勝浦の土地から採取した土や植物を用いて絵の具をつくりました。普段なにげなく使っている絵の具も自分でつくることで、勝浦の自然と結びつき、色に対する認識も変わります。絵の具を使った制作は、お面とパネル絵のどちらかを選び、野外で展示し発表しました。展覧会は、勝浦の自然からインスピレーションを得たこともあり、「勝浦へのオマージュ展」と名づけられました。

芸術文化学科三年生二名、一年生一四名が参加。

•第六回「とくしま・東方・験・文・録　KamiyamArt 2002」見つけた！神山のゆかいななかまたち！――オリジナル色紙を使ってコラージュ作品をつくろう

二〇〇二年八月二五日、二六日　神山町立上分中学校。（詳細は三八ページ）

二〇〇二年、徳島県の事業から離れて地元の力で継続

こうして春と夏の年二回、合わせて五回のワークショップが順調に進んでいた矢先、徳島県知事が任期途中で辞職することになり国際文化村構想は頓挫、〈とくしま・東方・験・文・録〉の継続も危ぶまれました。生活に根づいた芸術文化の育成と伝承という目的はもちろんのこと、地域での生きたアートマネジメント教育としても成果を上げていただけに、その衝撃は大きかったのですが、継続することを強く望んだのは、神山町の実行委員会でした。

三年間、地域と深くかかわることで交流も深まり、年に二回のワークショップが地元の人たちにとって地域の文化や日常性を見直す契機になっていたのです。当初は半信半疑で「芸術のことはようわからんけん」と言っていた地元実行委員会の人たちも、ものをつくることは自然な行為で、普段の生活の中にある行為なのだと、自ら口にするようになっていました。何回かのワークショップを経て「ものをつくる」ことが生活の一部として定着していることを実感し、夏が来るのを楽しみにしていたのです。

〈とくしま・東方・験・文・録〉の名称は消えましたが、〈KamiyamArt 2003〉として二〇〇三年八月に前年同様ワークショップが行われました。徳

島県の事業から独立したことにより、予算面では厳しくなりましたが、実行委員会はさまざまな補助金申請の努力を続け、〈KamiyamArt〉は一六年経った現在も続いています。

第二回ワークショップ「みつけた！ぼくのわたしの好きな場所」

二〇〇〇年八月二六、二七日　神山町立上分中学校

グループに分かれて神山の里を探検し、スケッチや記憶をもとに神山杉の端材を使ってグラウンドに立体的な巨大な地図をつくるというものです。地元の人たちを巻き込んだ企画は住民との交流を深め、造形ワークショップの可能性と世代を超えた交流の場を仕掛け、つくっていくことができます。

一日目　神山町の探検

1　上分中学校のグラウンドに集合。大人たちに手伝ってもらって、木の枝で道と川をグラウンドに描きます。

2　四つのグループをつくり、グループごとに神山町を散策する場所を分けます。リーダーは神山の歴史を熟知した七〇歳以上の人たち、参加者は子どもから大人まで幅ひろい構成です。

3 リーダーは旗を掲げ、参加者を先導します。ポイントとなる場所で、その場所にまつわる話や昔の生活ぶりについて話します。たとえば山の中に昔使われていた発電施設がそのまま残されています。見ていても、それが何であるかを知らない子どもたちがいます。はじめて見る子どももいます。神山に住んでいても知らないこと、見たことがないものは意外とたくさんあるのです。

4 話すのはこんなことです。発電施設ができて村にはじめて電気が通ったときのこと、それまでの電気のない生活がどういうものだったか。子どもたちはもちろん、学生や大人も熱心に耳を傾けます。子どもたちは、電気のない生活を想像し、現在の生活との違いの大きさを感じとりながら質問します。世代によっては懐かしく振り返ります。ここでは、なにげなく見ていたもの、忘れていたものにあらためて眼差しを向け、話を聞き再確認することが大切なのです。

5 こうした探検を通して好きなところや面白い場所を見つけ、スケッチブックにメモを残したり絵にします。ここにはいくつかのテーマが設定されています。発電施設のように地域の歴史や昔の生活ぶりを聞くことによってあらためて神山という地域性を再認識することと、興味

班ごとに分かれ神山探検に。約２時間の行程

を持ったものを徹底して観察し探索すること。山あいには放置された古い廃家がいくつもあります。このような廃家は子どもたちの探検心をそそるものです。普段入っていくことのできない場所に足を踏み入れることで、秘密の異空間を覗くわくわく感が生まれます。中には古い道具やタンスが放置されていることもあります。穴の開いた壁、破れた障子は、昔の生活を感じるというより、異次元の物語の世界に引き込まれるような楽しさがあります。二時間ほどの間に、子どもも大人もさまざまな想像力を働かせるのです。

1

2

3

4

6
ひと通り探検が終わるとお昼ご飯です。食べる場所はリーダーが決めます。私が参加したグループのリーダーは川べりで食べることを提案しました。そこに行くには道のないところを川岸に降りていかなければなりません。傾斜があります。同伴の母親は危険だから止めるよう促しますが、リーダーは「大丈夫、大丈夫、ここからこうして降りていけるから」と子どもたちを誘導します。母親は気が気ではないのですが、リーダーは安全だとわかっているから連れていくのです。どこをどのような方法で降りていけば確実で安全か、身をもって教えるのです。かつては、暮らしや遊びに必要な知恵と工夫が、このような形で伝承されていたことを母親は納得します。子どもにとっては、いつもは行ってはいけないと言われている場所ですから、楽しくもあり新しい発見にも繋がります。川べりの石の上にシートを敷いてお昼ご飯を食べるのですが、「はじめてここでお弁当を食べた」「こんな場所知らなかった」とみんな興奮します。

7
上分中学校に戻った頃には全員が打ち解け、グループの一員であることを自覚しています。グループごとに話し合い、探検に出発する前にグラウンドに描いた川や道をたどりながら立体地図のあたりをつけます。

1-4　森の中を歩き、ここだと思う場所に青石の「足跡」を残し、廃屋から空を見上げ、発電所でリーダーから電気のなかった時代の話を聞き、面白いことをスケッチブックにメモし、帰ってくる

二日目　立体地図の制作

1　上分中学校のグラウンドに集合。散策した地域全体をみんなで確認します。

2　グループごとに分かれ、スケッチブックを見ながら、見てきたもの、つくりたいものを話し合い、大きな紙に構想の下絵を描きます。

3　いよいよ立体地図の制作です。材料は神山杉の端材。神山はもともと林業の町ですから、杉の端材は山のようにあります。神社や学校、廃家などをどう表現するかグループごとに考え出し、立体的に組み立てて地面の地図の上に配置していきます。

5

5　グラウンドにできた青石の川
6　端材で黒松神社を作る。釘打ちは大人が担当

4　面白いのは、神社をつくるときでもそれぞれが思い描くスケールが異なり、着目する場所も違うことです。話し合うというより、暗黙の了解のような形でその場で微調整が行われ、杉材の地図が組み上がっていきます。建築のように具体的な図面や完成予想図がないにもかかわらず、立体物がそれらしく立ち上がっていく、これも予定調和のないワークショップの醍醐味です。

5　端材の山の前には実行委員の人たちが待機し、子どもたちがおおよその形と大きさを伝えると、電動ノコギリを使って端材を次々に切っていくのですが、切っているほうも本当に楽しんでいる様子が伝わってきます。

6　作業はグループごとです。ほかのグループの作業が気になるようで、ときどき回りながら話しかけ、いつの間にか競い合い作業していく様子は、そこに本格的な家でも建てているかのような力の入れようです。

7　釘を打ったり木に穴を空けるのは大人や学生たちが手伝いますが、思うようにいかなくても、子どもたちは金槌やキリを手から離さず、自力で釘を打ったり穴を開けようとする姿が印象的でした。

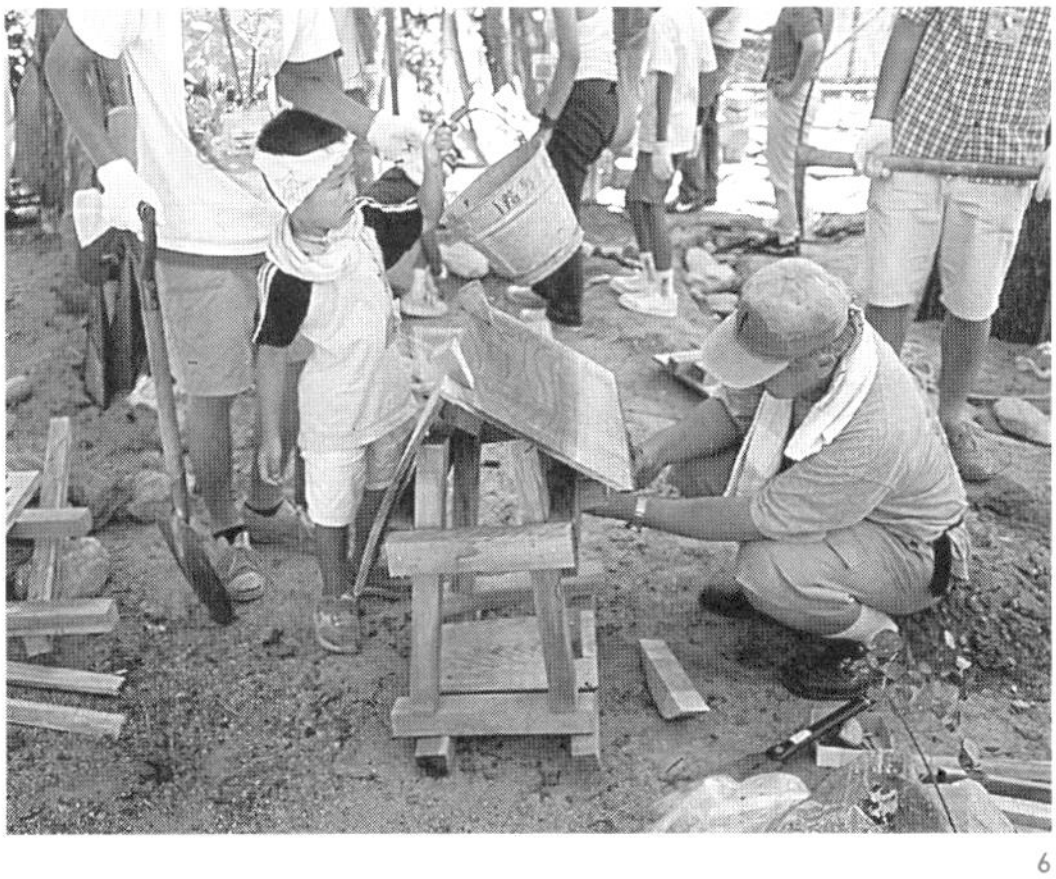

6

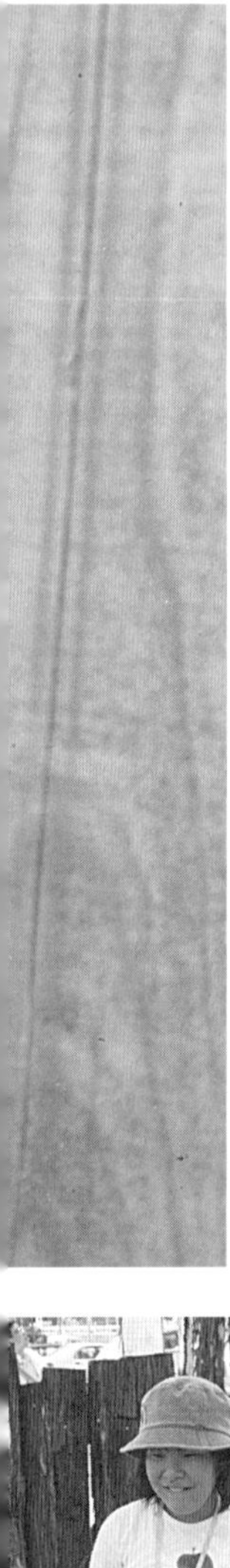

8

いよいよ立体地図が完成します。四つのグループがそれぞれに探検したエリアを合わせれば神山町の立体地図になります。圧巻は高さが二メートル近い杉板でできた滝です。何枚もの不定形の杉板を組み合わせたり重ねたりして水が流れているように見せます。これも共同作業が可能にする成果ですが、子どもの想像力を汲み取り、大人が応え形にしていく相互扶助が自然な形で働いています。

9

みんなで地図を見て回り、グループごとに発表します。一日目の探検のこと、二日目の作業のこと、さまざまな話で盛り上がります。それぞれのリーダーも話に加わり、世代を超えて時の経過と神山の地域性を立体地図から感じとるのです。制作過程ではグループに分かれていましたが、全体像を目の前にすることで、グループを超えた話題にひろがっていきます。発電施設や神社、林業が盛んだった時代に対しても別の視点が加わります。こうしてなにげなく見ていたものや聞いていた話がより実感として認識できるのです。規模が大きかったことや扱った材料も大小さまざまな形の杉材ということもあり、見栄えも迫力十分で、それぞれが二日間の成果に対して、達成感を感じとっていました。

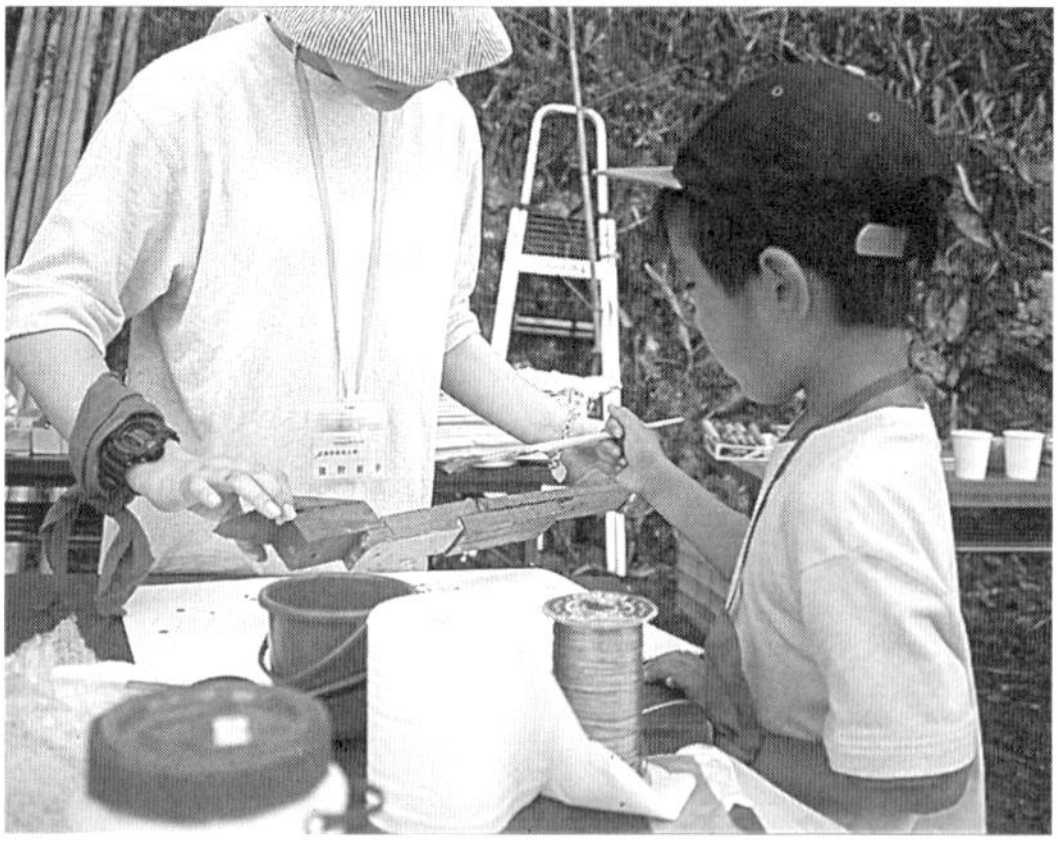

7

8

9

10

7　ペンキ塗りならできる

8-12　私たちの町がグラウンドにできていく

想像する、見立てる、そして形あるものをつくる

この立体地図をつくるワークショップには、探検によって見たこと、感じたことをどのように表すか、という前提がありました。想像力から創造力に発展するプロセスを大切にし、平面的に絵で描くのとはまた違う、見立てることから生じる表現の面白さを試みたのです。杉板の組み合わせによって、滝の流れを見立てた表現の方法は典型的な例です。ここには、つくる側の見立てと、見る側の見立て、両方が相互に作用します。

校庭に滝のように水を上から流すことはできません。材料は杉の端材です。絶え間なく水が流れ落ちる滝と杉の板の間には、見え方も質感も大きな開きがあります。絵として描くなら見える、あるいは見えたように表すことができます。しかし杉の端材で表すのは容易なことではありません。

11

見ていた風景や記憶にある形象の具体的な再現にはならないことを否応なしに認識することになります。滝を見て感じていたこと、滝の特徴、水の流れなど、自分の中にあるイメージを総動員して想像力を働かせます。この場合、一つの形にとらわれたり、具体的なものを導き出すことが重要ではありません。自分の中に蓄積されたイメージを取り出し、組み合わせ、水や川、周りの風景と関係づけながらイメージをひろげていきます。ここでは年齢に関係なく抽象化作用が行われるのです。それが限りなくひろがる創造力に繋がるのです。それは誰もが持っています。押しつけられたり、結果を求められたりするのではなく、感じたこと、興味を持ったことを自然に表すことができれば、造形の喜びも生まれます。

組み立てられた不定形の杉板は、単体では滝に見えないでしょう。しかし、地図上にあることで関係づけられ、誰もが知っている滝であるために、見る側も想像し滝に見立てるのです。お互いを結ぶ日常の風景や日々の暮らしがあるからこそ、全体像がよみがえり新たな発見も生まれるのです。

想像する、見立てる、そして形あるものに創造していく、これが造形ワークショップの魅力です。つくり手として、見る側として、一体として共有できたとき、校庭の上に立ち上がった立体地図はそれぞれにとって、一つの芸術作品として実感できるのです。

12

15

13

13　黒松神社と、そばに立つ大いちょう
14　お大師さまの祠
15　妙法寺

❶ 黒松神社《くろまつじんじゃ》
❷ 上分中学校《かみぶんちゅうがっこう》
❸ 江田橋《えたばし》
❹ 妙法寺《みょうほうじ》
❺ 江田棚田《えたたなだ》
❻ 炭《すみ》がま
❼ 製材所《せいざいしょ》
❽ 新田神社《にいだじんじゃ》
❾ 杜植物園《もりしょくぶつえん》
❿ 神通発電所《じんつうはつでんしょ》
⓫ 雨岩《あめいわ》
⓬ キャンプ場《じょう》
⓭ クラフト大門《だいもん》

14

5

1

5

1

6

10

11

第六回ワークショップ「見つけた！神山のゆかいななかまたち！
——オリジナル色紙を使ってコラージュ作品をつくろう」

二〇〇二年八月二五、二六日　神山町立上分中学校

二〇〇一年八月のワークショップ「神山スギをつくろう！」は台風の影響による雨のため、二〇〇〇年に行ったグループに分けた探検は行いませんでした。神山を知ること、グループリーダーの役割の重要性を再認識し、二〇〇二年にもう一度神山の探検を行いました。テーマも共通性を持たせ、二〇〇〇年の好きな場所を見つける探検から、大昔から住んでいる見えない生きものを探すための探検です。神山の自然を全身で感じとり、想像力を働かせ大きな動物や小さな虫、きれいな羽根の鳥、森の妖精などを見える形にしてみようという試みです。より物語性の強いテーマです。制作のための素材も自由な創造力が働くように、ティッシュペーパーをアクリル絵の具で染めて使うことにしました。スケッチブックは、スケジュールや探検する場所、ティッシュペーパーの染め方、切り方、貼り方などをガイドブックにした魅力的なものです。参加者が持ち帰ることができ、記憶に残るものにしようという意図からです。

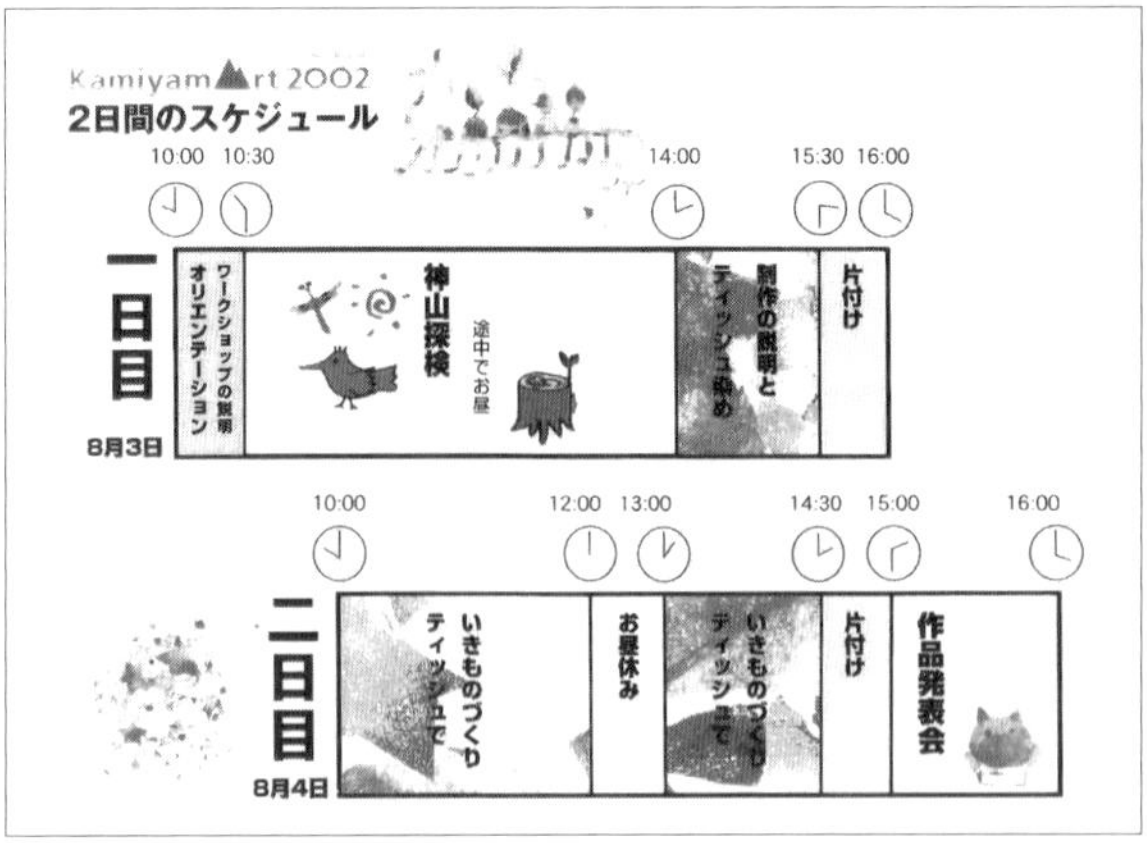

1

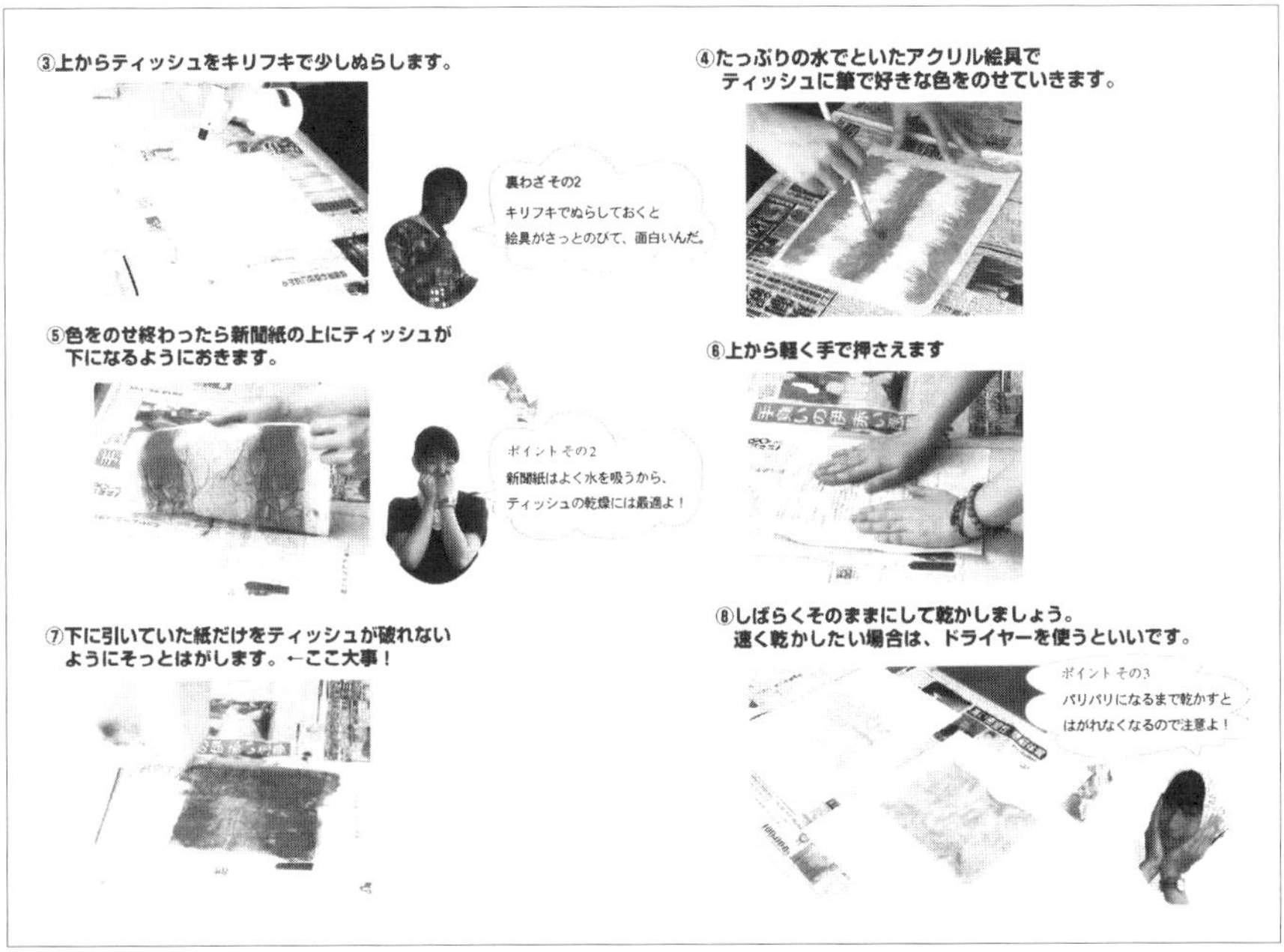

2

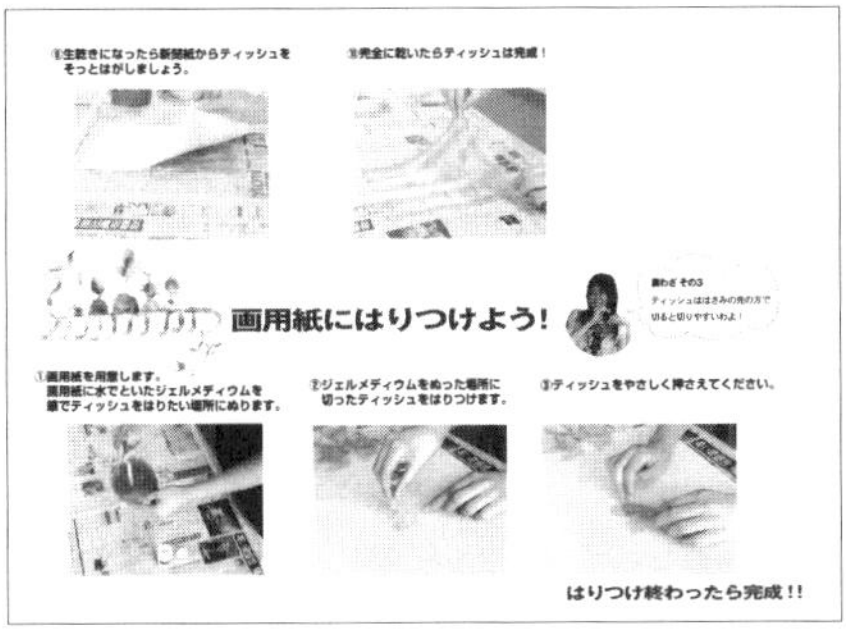

4

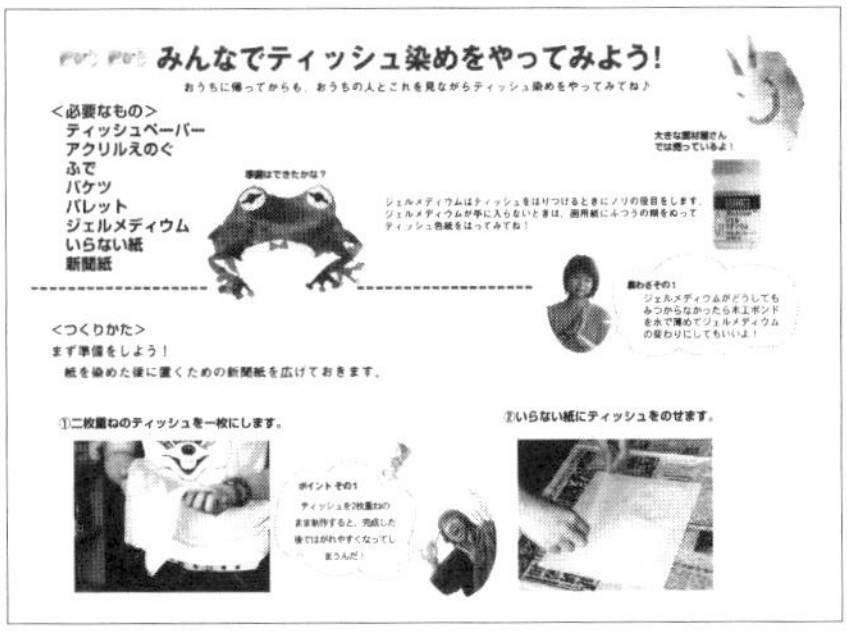

3

1　スケッチブックの2ページ
2　スケッチブックの5ページ
3　スケッチブックの6ページ
4　スケッチブックの7ページ

8

5

6

1日目　神山町の探検（2002年8月25日）

5　10時30分、トンちゃんチーム出発。班は子どもたち、保護者、リーダー、スタッフで構成

6　森の中へ。山の中へ

7-8　道ばたに積んだ木材と切れ端を発見。切り口が面白いのでスケッチブックに描きとめる。大人も子どもも面白いものは面白い

7

12

9

10

11

9　大門さんの製材所を見学。木の匂いと木の手触りと

10　神通発電所

11　いつでもどこでも、気になることはスケッチブックに

12　お昼休み、水辺でひと休み

13

16

14

15

2日目 「神山のゆかいななかまたち」づくり（2002年8月26日）

19

17

20

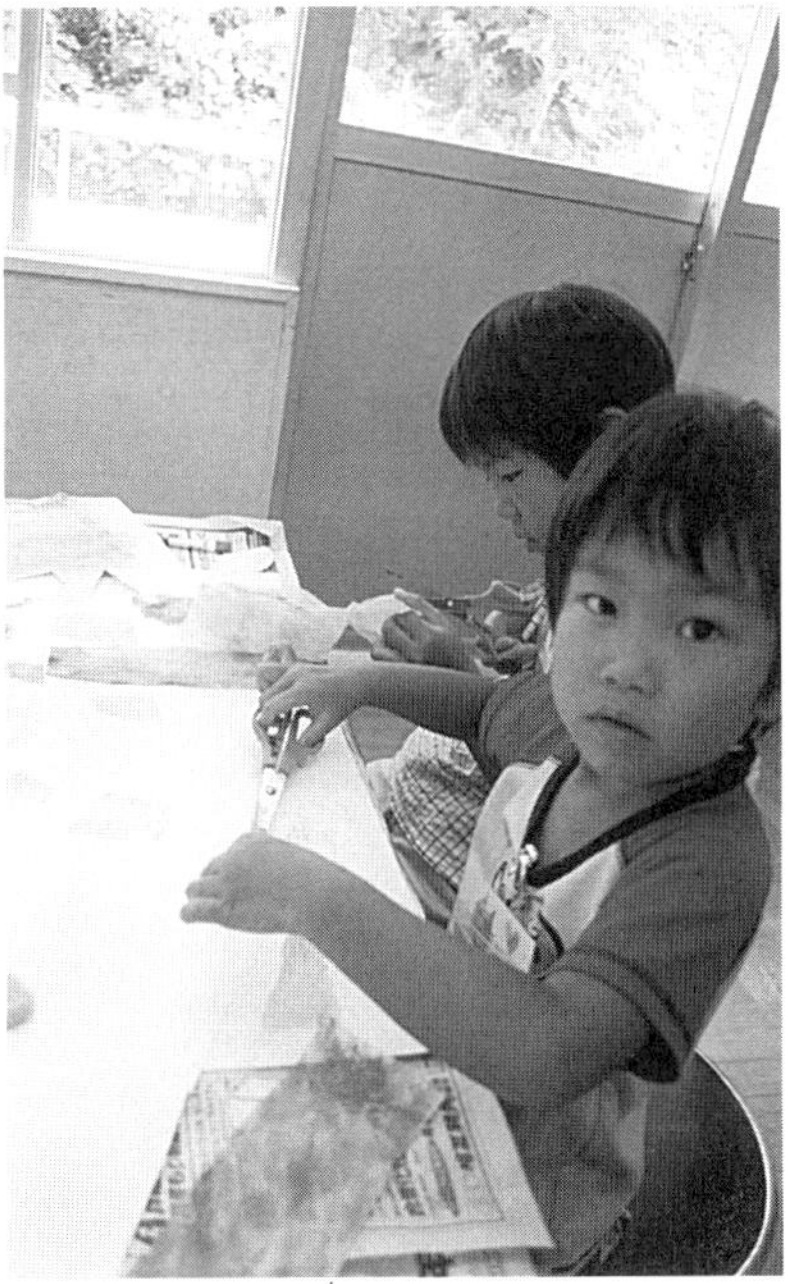

18

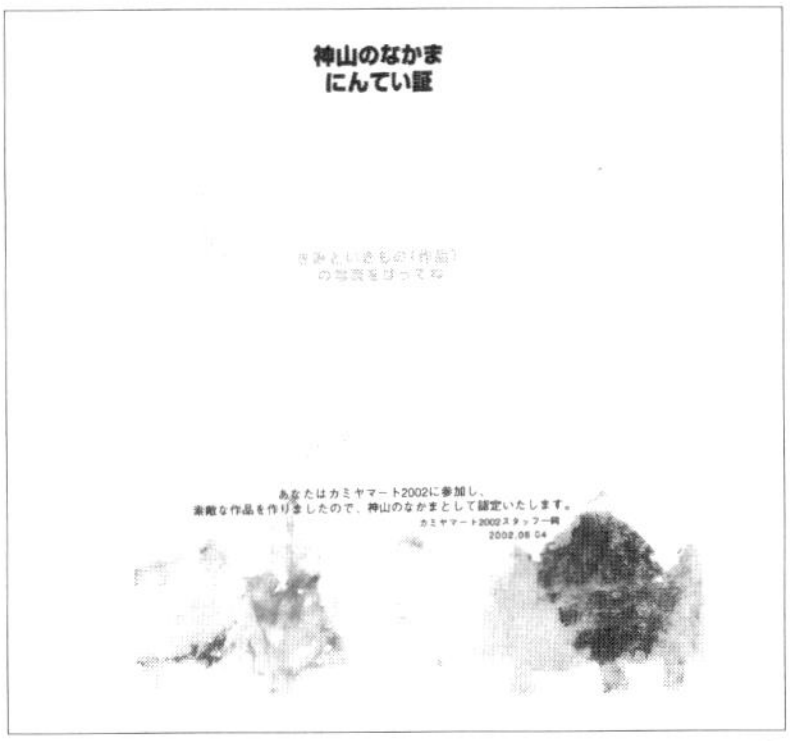

21

13　ティッシュ染めと、明日の「いきものづくり」の話を聞く

14　上分中学校に戻り探検の記憶をスケッチブックに描きとめる

15-16　明日の「いきものづくり」に備え、テッシュを染め、乾かし、台紙からはがす

17-18　探検で見つけた（感じた）「神山のゆかいななかまたち」を、アクリル絵の具で染めたテッシュで造形する

19-20　片づけたあと、15時から作品発表会

21　スケッチブックの最後のページに「神山のなかまにんてい証」

記憶を手がかりにした「特別な体験」

神山町のワークショップは、普段経験できないことを意識的に設定した特別の経験が、日常の言葉のやり取りと違ったコミュニケーションの回路をつくり出すというものでした。触発されることで想像力が引き出され、新しい発見が忘れていたものを呼び起こします。それはみな潜在的に持っているものなのです。個人的な記憶や神山の土地の記憶を手がかりにするのはそのためです。日常と無関係なテーマではなかなか興味が湧きません。知識や言葉として理解するのではなく、記憶をよみがえらせ、身体を使って実際にやってみること、そこから得られる経験と体感は何にも変えがたい重みを持ちます。ワークショップは、そのための仕掛けであり装置なのです。

したがって、準備段階から答えをあらかじめ用意したり、主催する側の意図どおりに事を進めても意味がありません。つくられるものの完成度や出来栄えが重要な課題ではなく、その場で展開されるプロセスこそが大切です。感じること、発見することの大切さを、造形行為を通じて知ってもらうことも重要です。好奇心は新たな探求心を生み出します。最初は小さな点でも少しずつひろがり大きくなっていきます。一つのことにこだわらない組み合わせ、発展性こそ、想像力と創造力を導き出す造形ワークショップに必要なものです。受け身ではなく能動的にかかわることでその場を共有することができるでしょう。

キャンプファイア――共有し記憶にとどめる

ワークショップが終わったあとは夕方からバーベキューとキャンプファイアが行われます。キャンプファイアはメインのイベントですが、そこに至る手順、プロセスはとても重要です。ワークショップが終了していきなりキャンプファイアでは、それまでの一連の流れが、一つのイベントとして集約され終わってしまいます。キャンプファイアは、二日間を振り返り、そこにさまざまな想いを込め、関係したすべての人たち、子どもたちが一つになるための空間です。ワークショップだけを取り上げれば、実行委員会、主催者、参加者の動向がクローズアップされますが、準備と後片づけを含めた四日間の滞在中、民泊を受け入れてくれた人たち、材料の準備、手配などをしてくれた人たちなど、実に多くの住民が見えないところでかかわっています。バーベキューの材料の調達から調理までは地元のお母さんたちが担ってくれます。何らかの形でかかわった人たちやご近所が最後に集まる場所になるのです。回を重ねるにしたがい恒例の行事になり、毎年夏になると

2000年8月

学生たちと会えることが楽しみに変わります。それぞれの立場から喜びとともに交流の場として機能するようになっていったのです。

キャンプファイアには、地元阿波踊りの〈桜花連〉も駆けつけてくれます。三味線、太鼓、鉦鼓、篠笛が加わり、学生たちも踊りの指導を受けます。キャンプファイアを囲み踊り続け、最終日の夜は最高潮に達します。ここには、それぞれの地域が継承してきた祭りの新しい姿を感じることさえできます。世代だけでなく地域を越えた、それも東京からやってきた若い学生たちを包み込む空間は、たとえ数日であっても新しいコミュニティの姿を感じさせるものです。このようなワークショップは終わり方も重要なのです。「終わった」ではなく、それぞれが準備から当日までを振り返り、記憶にとどめるのです。「次の年のために」が始まり、それぞれが次の夏に繋げていくのです。神山町のワークショップは実行委員会をはじめ多くの人たちによって支えられ、場を共有しているのです。印象的だったのは、「今まで子どもたちに昔の話をする機会があまりなかったんだ」「伝えたいことがまだまだたくさんあるんだ」というリーダーを務めた四人の言葉でした。

2002年8月〈桜花連〉の子ども連

2002年8月

地域社会と芸術文化活動

芸術文化を実感する

「芸術のことはよくわかりませんから」「芸術は素人ですから」。よく聞く言葉である。この言葉を耳にするたびに芸術を語ることの難しさ、語りにくさを感じる。

同様に「社会とアートを結ぶ」「アートで社会を結ぶ」。この言葉もよく使われ、多くの自治体が芸術文化を地域活性化のための政策として位置づけている。しかし、芸術をどう語るのか、自分の言葉として語れるか、あらためて問いかけてみる必要がある。具体的に実感できないと自分自身の中に落ちてこないし、語れないからである。したがって、どのように社会とアートを結ぶのか、これを丁寧に考えていかないと単なる言葉だけになってしまう。

そもそも芸術の概念は、Arts の訳語として明治初期に西欧から輸入されたものであり、絵画、彫刻、音楽、演劇、文学などを包括する概念である。「芸術は素人ですから」もよく考えてみると、芸術の概念が熟練した技術に支えられた高尚な精神活動とみなされていたとすれば、納得できないわけではない。しかし、写真や映画、大衆演劇や音楽の登場によって、高尚な精神活動の定義が難しくなってきた。大衆芸術と区分したとしても、どこかすっきりしない。芸術概念の解釈や使われ方は置かれた立場や状況によっても異なる。この曖昧さが誰にとっても芸術の語りにくさに繋がっているのだろう。

一方で若い年齢層は、芸術をいったん特別なものと括った上で、芸術とアートを使い分けることによって柔軟に対応している。そのアートの呼称すらも時代とともに変化してきている。言語に代表される概念は時代によって異なり、時代とともに変化し動くものである。

佐藤道信は、一九五〇年代以降の美術につけられた名称の変化、特に「アート」の語が多用されてくることに注目する。ポップ・アート、ビデオ・アート、メディア・アートなどがそうであるが、「『現代美術』とほぼ同義ながら、時代が下るにつれてより新しい〝いま〟を感じさせるニュアンスをもちつつある」が、近年では「CGやアニメなどサブカルチャーの領域とまたがることで、〝軽さ〟や〝柔軟さ〟のニュアンスも加わった」という。さらに、「用語としては、『美術』『芸術』の領域をこえたさまざまな〇〇アートの総称として、共通項の『アート』の語が使われているのだと思われる」と述べている(註5)。

呼称は時代の中で変容し決定していく。だとすれば、呼称や概念以上に芸術やアートがつくり出す環境やそこで生じる「こと」がむしろ重要になってくる。「芸術のことはよくわかりません」は、芸術「文化」と、文化を「」で括った視点から捉えれば見方は変わる。文化は集団によって形成されるものであり、高尚なものも大衆的なものも包含された活動の所産だからである。

最近では、芸術も文化もメディアを中心に語られることが多く、身近な生活の中で語られたり感じとったりすることが少なくなってきている。しかし、もともと文化は生活の様式そのものである。かつて、それぞれの地域に固有の芸術・文化がしっかりと根を張っていたのは、人々の日々の暮らしや生産と密接に結びついていたからにほかならない。あらためて身近に芸術・文化を実感できる「場」が求められているのである。

地域に密着したワークショップの可能性

造形ワークショップは、参加者に技術や技能を教えることでも、ただ楽しさや素晴らしさを伝えればよいというものでもない。何事かを伝えるための手段ではなく、参加者が自ら体験し学び合う場として位置づけられる。参加者も主催者も共同作業を通して他人と比較し、その場を通して自分を見つめ、自らを高める。日常の生活の中では経験できないことを意識的に設定して、特別の経験をしていくことが、日常の言葉のやり取り、コミュニケーションと違ったコミュニケーションの回路をつくり出してくれる。

ワークショップに対する概念は、その捉え方が必ずしも共通しているわけではないが、徳島県神山町のワークショップでも、パッケージを持ち込む手法はとりたくなかった。あくまでも、その地域に密着したところからテーマを引き出すことを心がけた。地域社会における芸術文化の意味を捉え直し、社会生活の中に芸術文化を根づかせていくための手法を、地元住民と大学の共同によって実践してみるための試みと位置づけていたからである。

もともと日本人は、日常である「ケ」に対して、非日常「ハレ」を巧みに演出することで、家庭や地域における人の関係をつくり上げてきた。一族郎党を招いての祝い事、収穫にかかわる祭事、そこで催される儀式や余興などがそうである。田植えの前の豊作を祈る踊りから発展したといわれる田楽や、庶民の娯楽として古くから伝わる猿楽、人形浄瑠璃など音楽や舞踊、造形など表現行為が重要な役割を果たしていた。徳島県に庶民の娯楽として古くから伝わる人形浄瑠璃も、寺の境内や「農村舞台」を中心に演出される「ハレ」の場であり、そこから地域の人の輪と地域の文化が形成されていった。集団社会を形成し維持していくための知恵であり、祭りはそれぞれが役割を担う「ハレ」を象徴する場だった。芸術の概念が輸入されるまでは、地域固有の芸能や工芸が重要な意味を持ち伝承されてきたのである。鎮守の森は祭事から子どもの遊びまで受容する大切な場だったのである。

伝統芸能は現在も各地に継承されているが、一方でより芸術性を高め室町時代以降は、能楽が武家の文化として庇護されていったのは周知のとおりである。時代とともに変化してきたとはいえ、盆踊りが今でも庶民の娯楽として、地域の繋がりを意識したものとして継承されている。これは、日常からの解放と地域の人間関係をつくり、確認していくための装置として原初的な目的が変わらず機能している面もあるからだろう。

いずれにしても、かつての共同体は内側から相互に繋がりひろがっていった。しかし、労働と生活が一体となった相互扶助の必然性のない今日では、自然発生的な共同体意識と結束は望めない。外からの力を借りたり、仕掛けることも必要になってきている。多くの自治体が、芸術、文化を通じて「まちづくり」を掲げるのもその現れであり、阿波踊りやよさこい祭りなどが特定の地域を越えて行われているのも具体的な例といえるだろう。

私が行おうとしているワークショップは、このような場を異なった形、手法でつくり出してみようという試みである。ワークショップは、ある意味参加する子どもたちにとっても大人にとっても非日常である。作業が個人的なものであれ、その場にいる他人を意識し、個人の枠を超えてそこが共同の場であることを認識しなければ成り立たない。

共同で作業を行う場では全体がどのように動いているのか、みんなで何をつくろうとしているのかをお互いに理解することが求められる。周りとの関係を気にせず、自分の世界に閉じこもり個人的な作業に徹しようとすれば、その場からたちまち取り残されてしまうか逃げ出さざるを得ない。それは主催者や学生たちにとっても同じである。ある意味で一つの社会であり、その場の秩序は決められたものではなく、みんなでつくっていく場だからだ。能動的にかかわれば否応なしに意識も変わり、互いの成長を助長する。集団の中での自己表現と自己の確認、ものをつくり出していく喜び、共同作業の意義を体験する――。ワークショップはそんな場なのだ。

共同の場をつくり出していくために自分自身もそこに在り、そこで展開されることを共有する。普段の生活を離れて自己を解放し、はじめて出会う同年代の子どもや大人の中に学校や家庭で営んでいる世界を相対的に見ることができるのである。この非日常の場を通して日常という現実を確認し、自分自身を見つめ知ることができる。

じつは、これは参加した子どもたちだけのことではない。このワークショップにかかわった学生たちにとっても同様なのだ。大学の教室とは異なった環境の中で接する仲間、はじめて接する子どもたち、自分自身の日常とは全く違う家族の団欒の中での生活、日常と非日常の境界をいやが上にも意識することになる。教育活動の中に組み入れている意味もそこにある。

今日では、日常と非日常、現実と非現実の境界がますます曖昧になってきている。都市部で展開される夏祭りなども、かつてのように地域を融和させ一体化させるほどの効力を持たなくなった。要するにイベント化しているのである。美術館でも盛んに行われるようになったワークショップもイベント化する危険性を常にはらんでいる。そのときだけ楽しめて面白ければいいというだけでは意味がない。一過性の「こと」ではなく、日常との連続性、連関性、そして日常と非日常、現実と非現実の境界を意識的につくっていくことも必要だろう。終わったではなく、次のために始まるのである。

ワークショップで共有されるものは、日常の延長であり、日常にまた帰結するものでなければならない。そのために仕掛けられる非日常的な装置である。そして、そこに生まれる「人」と「人」、「人」と「もの」、「人」と「こと」の有機的な結びつきこそもっとも重要なテーマであろう。

註5
『美術のアイデンティティー　誰のために、何のために』佐藤道信、吉川弘文館、二〇〇七年

BIS ADAM

2

アートがつなぐ、人の「場」と「縁」
——北海道 網走市

オホーツク・アートセミナー 1998〜2001

●

数千にも及ぶ芸術・文化施設が全国にあります。しかし文化の創造、発展や芸術・文化活動の促進のために十分機能しているとはいえません。また自治体のほとんども、芸術に対する関心、美術館に対する関心は皮相的で、財政状況の悪化が即規模の縮小、予算の縮小に繋がるなど厳しい状況があり、中学校や高校の美術科目も大幅に削減されている状況があります。

一方、芸術・文化を取り巻く環境は変わりつつあり、生涯学習に対する関心や芸術への関心は、危機的な意識を含めむしろ高まりをみせ、美術館は生活と密着した生活品やデザインはもちろん新しい分野のアートなども包括していく視点を持ち始めました。地域住民を対象に、さまざまなワークショップを通じて芸術の社会化、普及、教育活動の展開に力を入れるようになり、何よりアーティスト自身が、芸術が特別の人たちだけのものではないという実践を始めたのです。アーティスト・イン・レジデンスなどアーティスト自らが地域に入って共同制作を行い、住民を巻き込む試みが各地で行われるなど、芸術が生活の中にひろがりを持ち始めました。

暮らしに根づく創造性――素晴らしい作品との出会い

オホーツク・アートセミナーには、音楽部門と美術部門が置かれ、美術部門は絵画講座とデザイン講座が毎年開催されます。一九八五年から網走市教育委員会が中心になって運営していました。二〇〇〇年に新しく完成した文化交流センター「エコーセンター」での開催が決まり、これを機に、住民主導のオホーツク・アートセミナー実行委員会に運営が移行しました。

一九九八年の夏、私はデザイン講座の講師としてはじめて網走を訪れ、以降四年間講師を続けることになるのですが、このセミナーが「市民と地域の芸術・文化」について関心を持つ契機となりました。

何より驚いたのは、参加者のものづくりに対する情熱と向上心です。参加者は一〇代から七〇代までと幅ひろく、とりわけ四〇～五〇代の主婦が熱心に取り組んでいました。普段から趣味で絵を描き、陶芸にいそしみ、このセミナーで新しい発見をし、創造力を高めるきっかけにする、そういう人たちの集まりでした。

一年目の講座では、表面が加工され色のついた特殊紙一六枚を使い、文字のない本をつくりました。二〇×二〇センチメートルの一六枚のさまざまな加工紙は、束ねただけでも美しい本になります。四季をテーマに、紙を自由に切り取ったり切り抜いたりして三二ページを製本するのですが、でき上がったものは予想をはるかに超える素晴らしいものばかりでした。この驚きと感動は四年間変わることはありませんでした。

なぜここでつくられた作品に感動するのか。ほとんどの人が身の周りのことやオホーツクの自然や北海道の文化をテーマにしていました。自分の町や周りの自然に心から愛着を持っていることが伝わります。対象に向けられる思い入れや、自分が感じた情景をなんとかうまく表したいという強い気持ちが作品に表れるのでしょう。それが見るものに強い感動を与えるのだと、回を重ねるごとに確信しました。

東京にいれば、ありとあらゆる芸術・文化に簡単に触れることができますが、網走にある文化施設は限られています。だからこそ地域の文化が守られ、限られた機会だからこそ直接芸術・文化に触れたいという気持が一層強くなるのかもしれません。もちろんセミナーの参加者は積極的な芸術文化の愛好者だという言い方もできます。しかし、芸術・文化を身近なところで楽しみ、学び合い輪をひろげる――そうした地域に根づいた活発な活動と人の輪があることは特筆すべきことです。

日常的に繋ぎ役を担う人たちの存在

　こうした状況を支える多くの人たちがいます。まず、網走市立美術館学芸員の献身的な活動と努力が挙げられます。市民で構成されたアートセミナー実行委員会や教育委員会の役割も大きい。網走市立美術館では、市民のための教室を定期的に開いています。学芸員は、市民との対話はもちろん中学生や高校生の相談まで引き受け、ときには美大受験のための実技指導も行っていました。網走市立美術館は、市民によく利用され、鑑賞だけでなく情報収集や情報交換の場にもなっているのです。繋ぎ手となる存在がいかに重要かということです。ある意味では、首都圏に住む人たち以上に生活の一部として芸術・文化を享受しているともいえるでしょう。

　人は文化を消費するだけでなく、本来文化の生産にも深くかかわってきました。文化は生活の様式そのものであり、階層や職域を越えて日常生活と深くかかわるものです。個から集団へ、集団から地域社会へという過程を経て、文化は普遍的なものになります。文化を形づくり支えていく際に芸術が果たす役割は大きいのです。かつて、それぞれの地域に固有の芸術・文化がしっかりと根を張っていたのは、人々の日々の暮らしや生産と密接に結びついていたからです。

美術とデザインは誰のものか

オホーツク・アートセミナーで受講生と話をしているとき、美術・デザインは誰のためにあるのかといつも考えました。

美術、デザインが特殊なものではなく、私たちの生活に欠かせないものという認識に立つとき、美術・デザインへの関心とかかわり方が変わります。たとえば、洋服を選び、アクセサリーや靴、バッグなどを組み合わせ工夫し楽しみます。仕事のために出かけるのか、休日に出かけるのか、目的によっても変わります。環境や状況、他者を意識するからです。

住居にもアートとデザインは深くかかわっています。室内に合った家具や小物、カーテンなどの選択と配置、食器の組み合わせや照明などに凝ります。壁には気に入った絵を掛ける。すべて、繋ぎ、創造する行為です。素材を吟味し組み立てる、これは編集し構成するデザイン行為にほかなりません。刺繍をする、花を生けるなど創造行為へとひろげる人もいます。そこで会話をし、音楽を聴き、生活を楽しむ——このように、仕事の中にも、家庭の中にも、そして遊びの中にもアートとデザインを取り入れてきたはずです。人はもともと生まれながらに想像し創造していく意識、意欲を持っています。日常の生活は決まりきった形式の中で営まれているわけではなく、それぞれ工夫しながら生活のスタイルや身の周りの空間をつくり上げるのです。

3

1

4

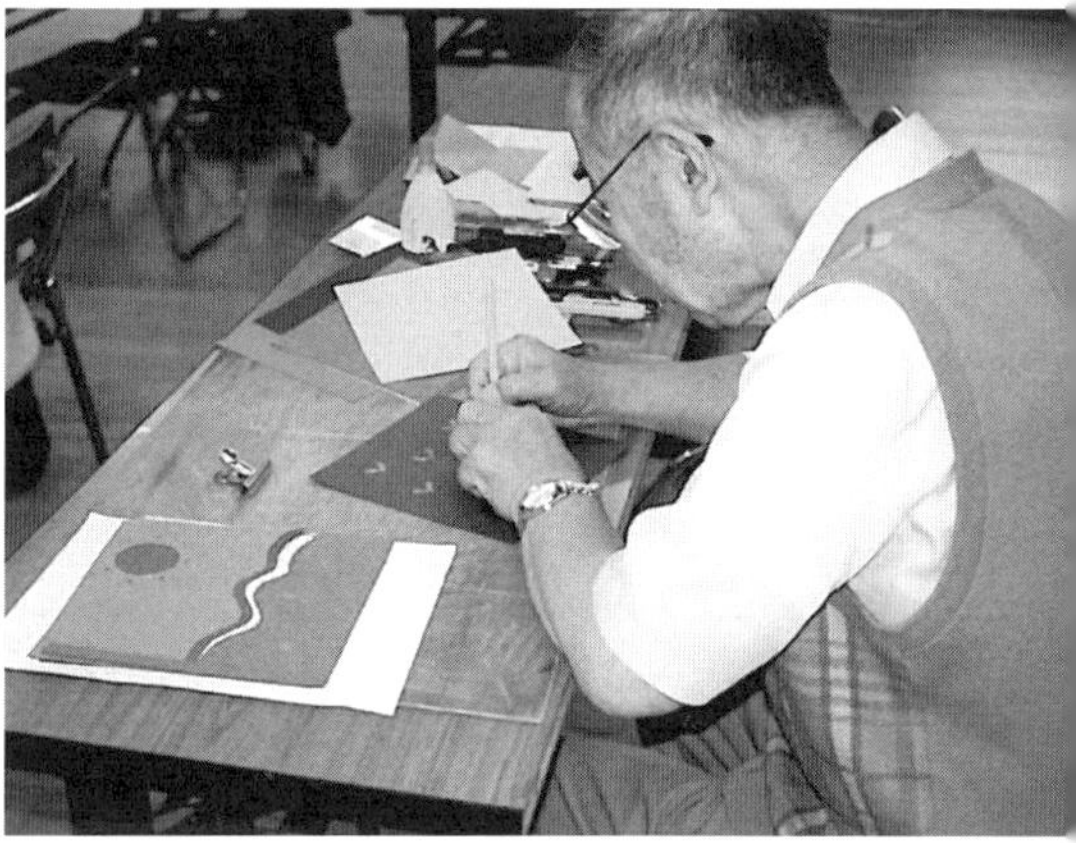

2

7

5

8

6

1　1998年8月22、23日、網走市立中央公民館で行われたデザイン講座

2-8　色とりどりの特殊紙30枚を使い、文字のない1冊の本をつくる

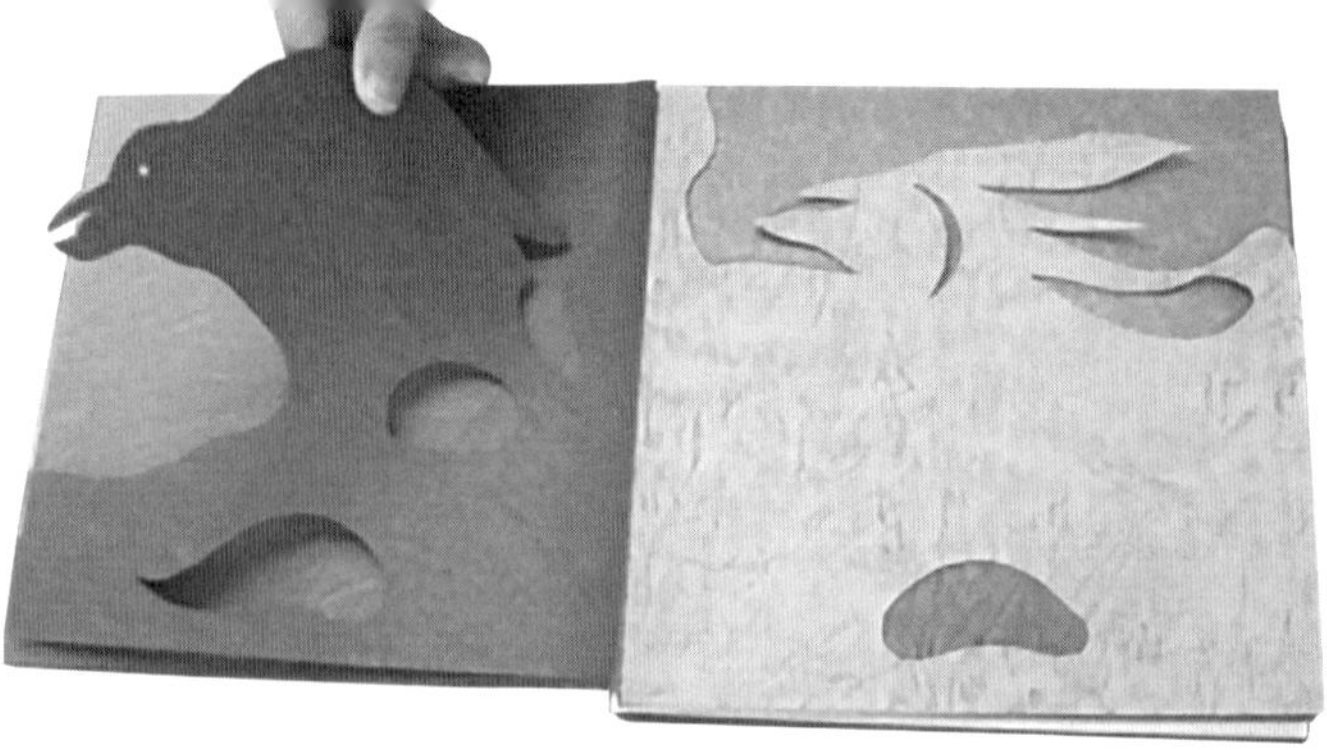

11

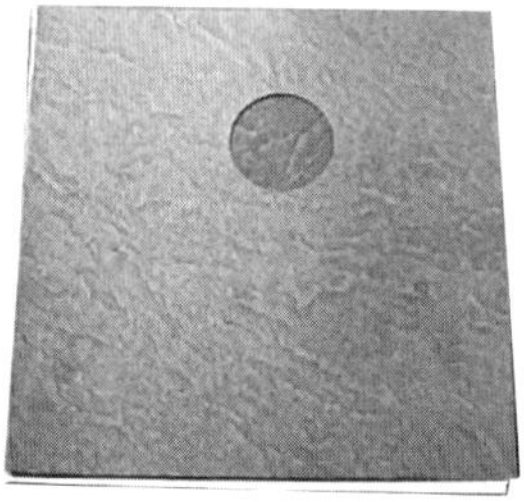

9

13

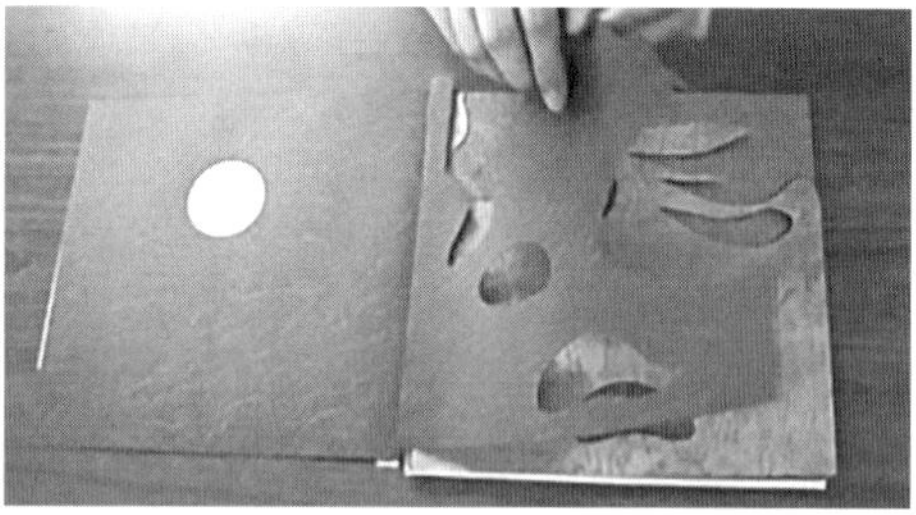

10

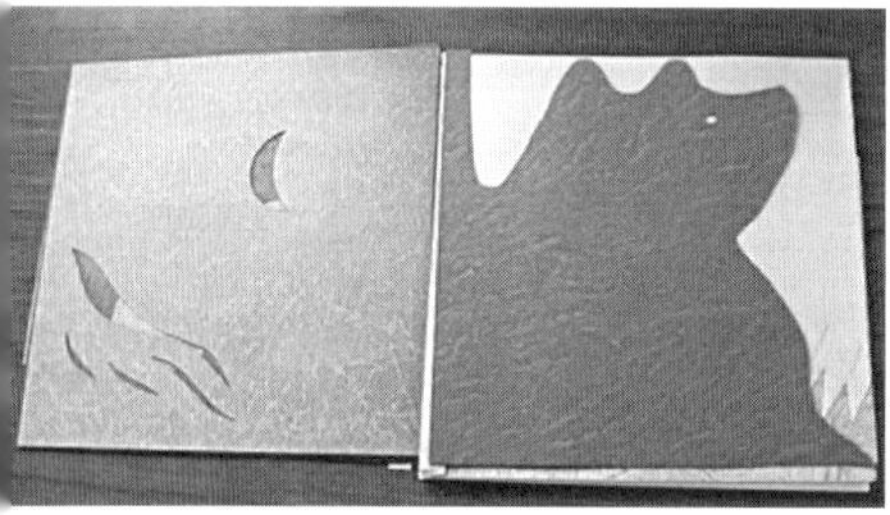

14

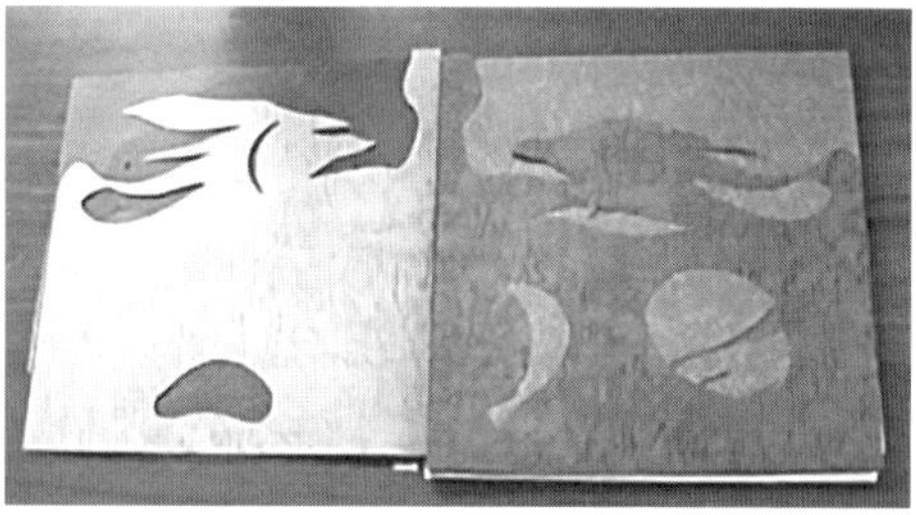

12

9-22 アイヌの物語にも登場するカラスや熊、毎年夏に網走市で開催される「オロチョンの火祭り」、丹頂、キタキツネなど、網走の四季を１冊の本にまとめた。
色や質感の異なる紙を、１枚ごとに切り抜いたりカットし、ページを繰るごとに紙の重なりによってさまざまな情景やイメージが生まれる

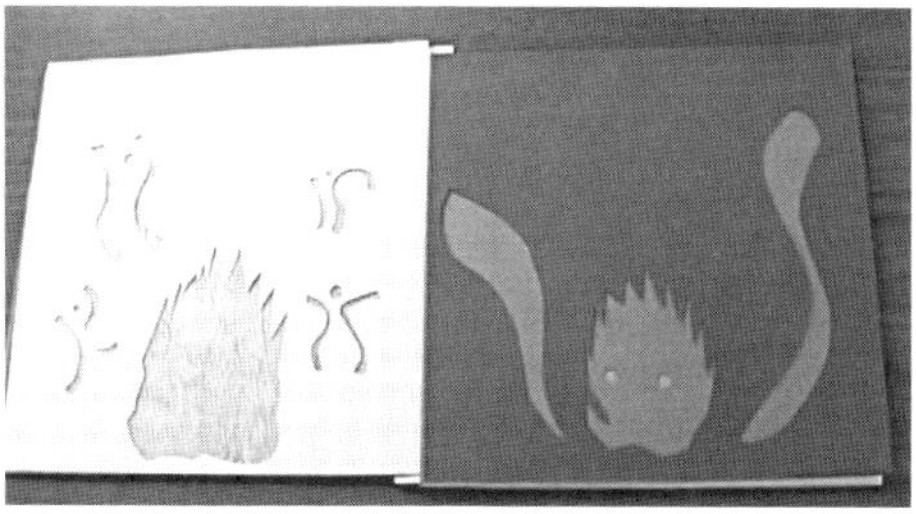

19

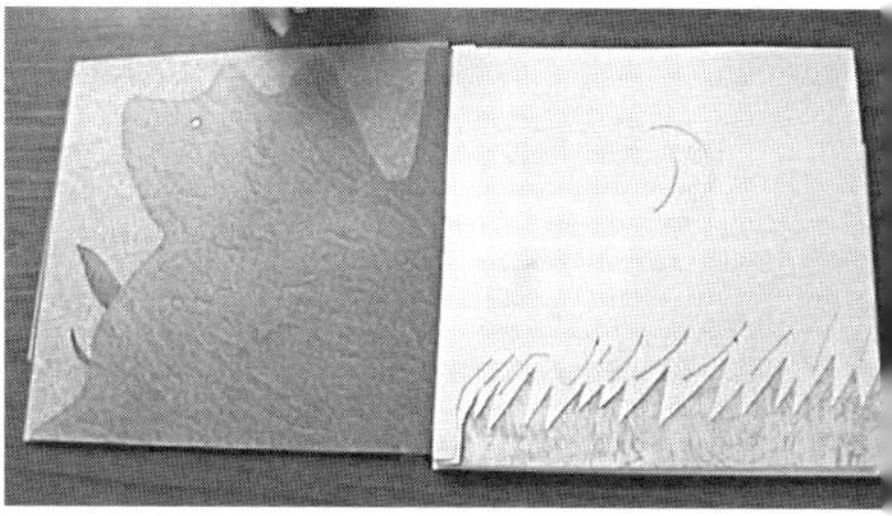

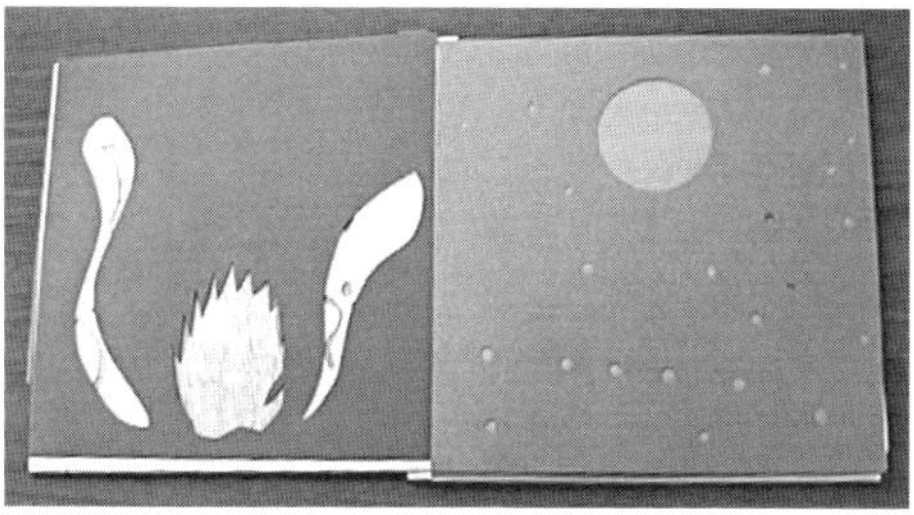

20

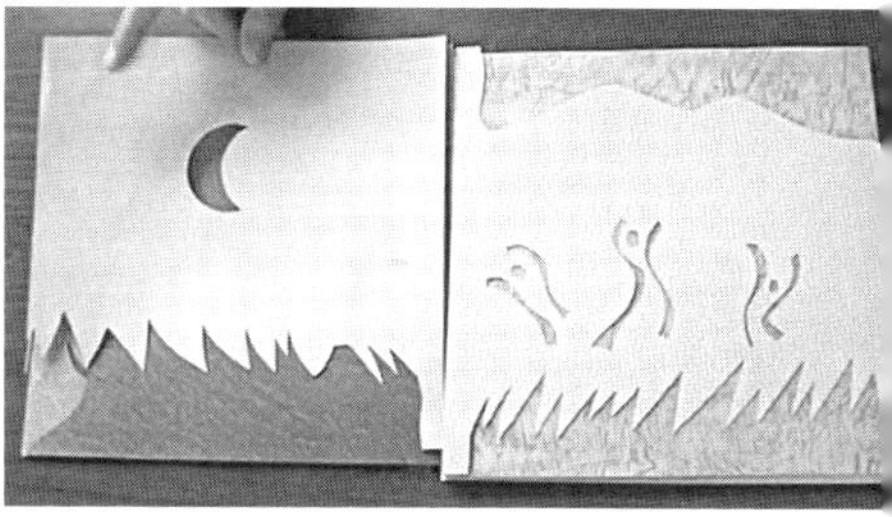

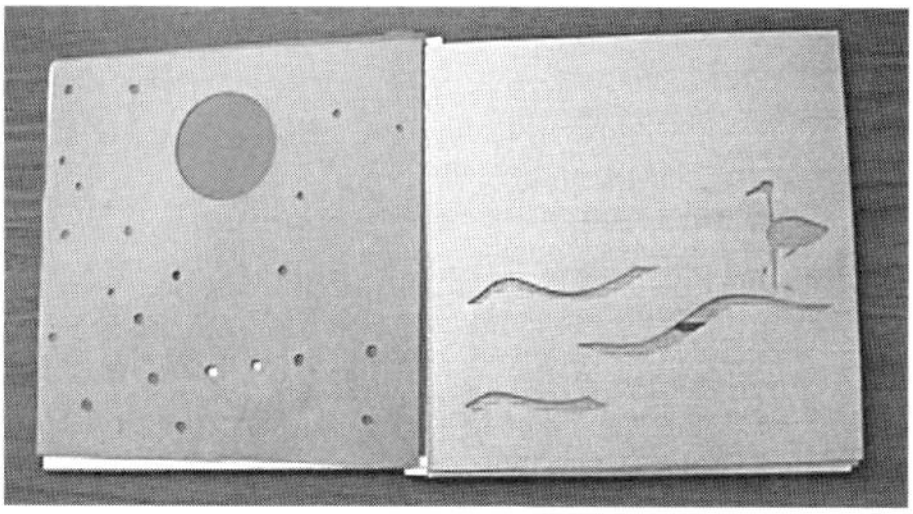

21

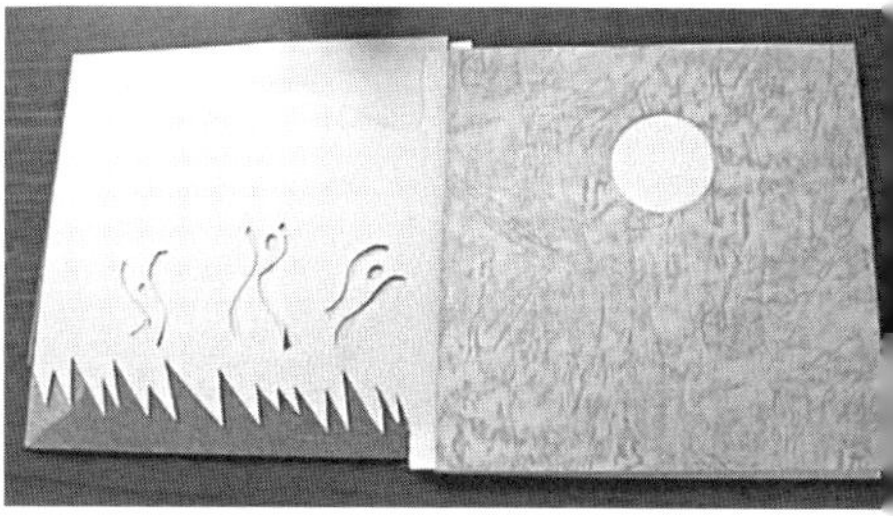

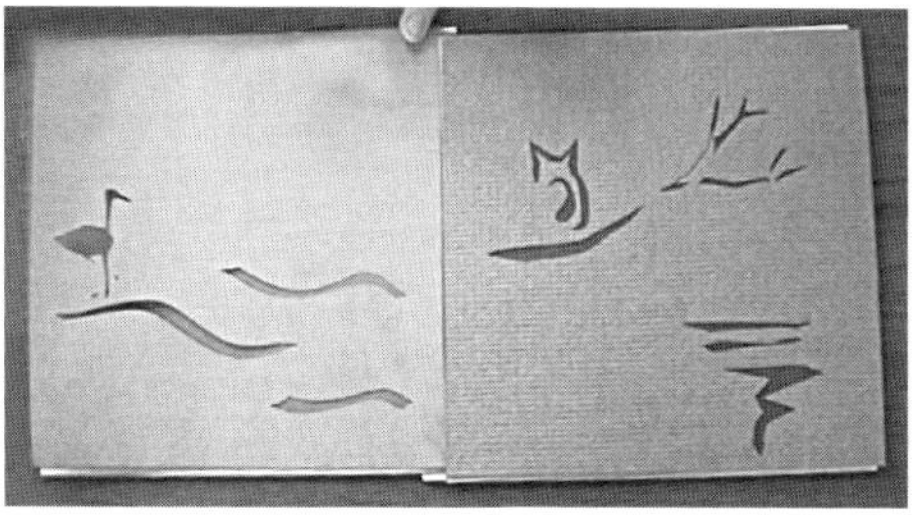

22

23

24

23-24 完成後の発表会。ページを繰りながら、本のテーマ、色遣いや形の重なりなどで表現したかったことを一人ずつ発表し、さまざまな意見を交わす

25-26 親子で参加した岡田さん。奈千さんのテーマは「スマイル」。由美子さんは「1日の流れ」をテーマに

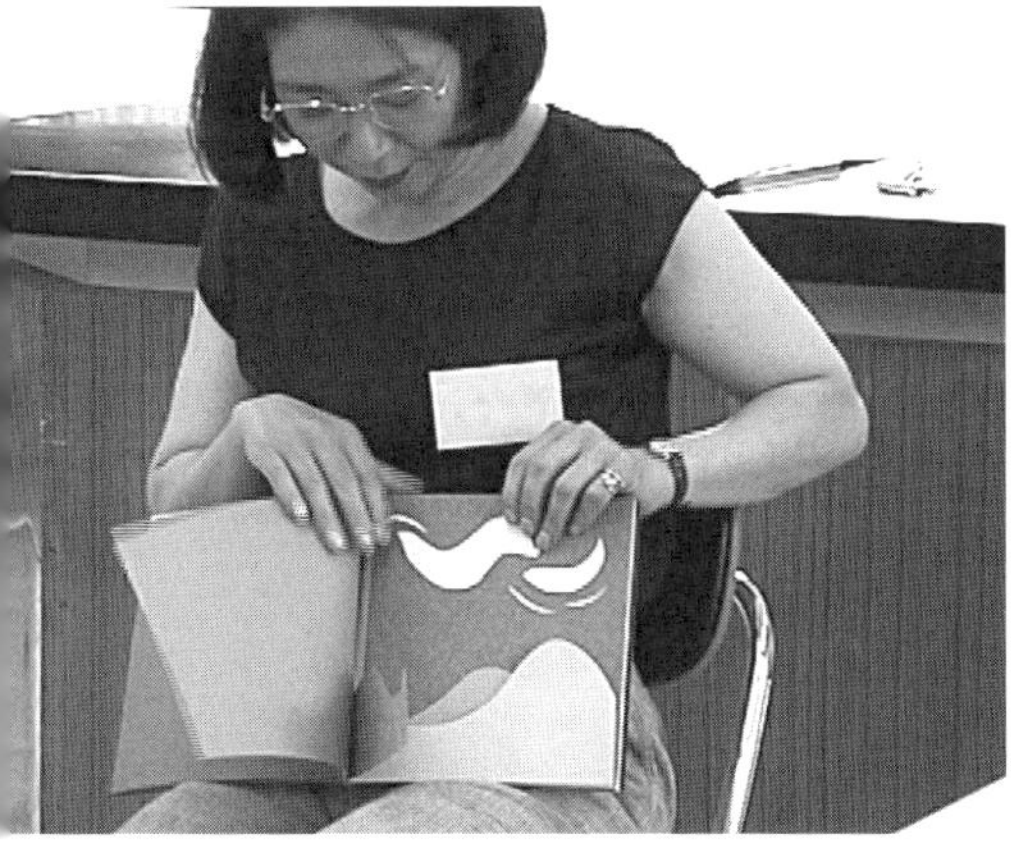

26

つくる喜びと楽しさをいかに見いだすか
——素材・達成感・共同体

三回目のデザイン講座は、ティッシュペーパーをアクリル絵の具で染めて色紙をつくり、コラージュするものでした。

・ティッシュペーパーを染める

普段使っているティッシュペーパーを染めます。筆に含む水の量と絵の具の量や混ぜ合わせによって、ぼかしやグラデーションの美しい色紙になります。

・構想を立て、コラージュし、屏風のような蛇腹折りの作品に仕上げる

あらかじめ描かれた鉛筆の下絵に合わせて、ハサミで切ったり、手でちぎったりしながらコラージュします。

・ディスカッション

完成後、一人ずつ発表し、参加者は対等の立場で批評し合います。これも教室がつくり出した空気です。職業も関係なく世代を限定しません。地域で行うワークショップの魅力です。この日の作品は、いずれも四季をテーマにした見事な出来栄えで、参加者は、自分でつくり出した素材の美しさと、それぞれの作品から見いだした新鮮な表現と達成感を

述べていました。簡単に美しいオリジナルの色紙がつくれること、技術的な能力が問われず制作できること、にもかかわらず作品の完成度が高いことに驚き、自信にもなったようです。

1

2

1-2　2001年2月、エコーセンターで行われたデザイン講座。新聞紙の上に敷いたティッシュペーパーをアクリル絵の具で染めて乾かし、色紙をつくる

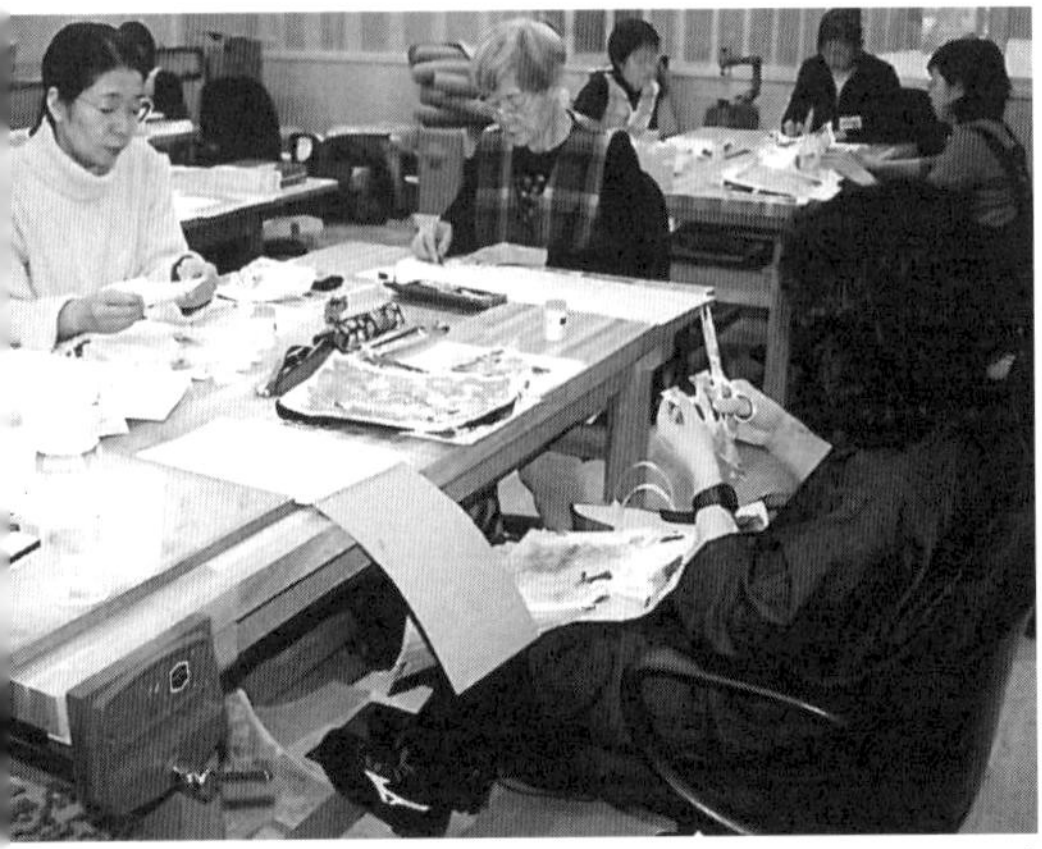

6

3

7

4

3　蛇腹状の白い紙に何を描くか、構想を練り下絵をつくる

4-6　下絵に合わせて色紙をコラージュ。手でちぎったり、ハサミで切ったり

7　作品発表とディスカッション

5

年齢・職業・目的はバラバラ

講座の参加者は年齢も職業もさまざまで、参加する目的も異なります。ずっと美術が好きだったという人、美術が苦手で嫌いだったからチャレンジしてみようという人、美術大学を目指す高校生、現役の中学校の美術教員、かつて美術の教員だった人。さまざまな背景を持った人たちが一つの教室の中で語り合い、つくることの喜びや楽しさを感じることが、別の自分を発見することに繋がります。

じつは小学校、中学校の美術の時間が辛かったという受講者が意外と多いのです。なぜそうなるのでしょう。出会う教員との関係も大きいのですが、描く、つくるという、技術を学ぶことが中心になると技術的な差異がクローズアップされ、お互いの作品を比較しがちです。すると、自分は下手だから、不器用だから、恥ずかしくて見せられないと、楽しむ前に辛い意識が勝ってしまうのです。

初回から参加している若い中学校の美術教員がいました。一回目の特殊な色紙を加工して絵本をつくったときのことです。他の人と比べて作業が進まず手がなかなか動かない。構成をしっかり考えてからつくろうという気持と、他の人よりもいいものをつくらないと恥ずかしいと考え、結果を気にしていました。「隣の人のほうが伸び伸びとつくっていて、意欲が伝わってきますよ」と話しかけると、周辺の人たちも私たちの会話に加わって思い思いに話し始め、場が和みます。すると気負いが消え、美術の教員という呪縛から解放されて、一人の参加者として創作に向かうのです。

身近な素材で臨機応変に、考えすぎない

そうしたことも念頭に置き、セミナーではできる限り扱いやすい材料を使うようにしています。ティッシュペーパーという素材は、身近なものであるにもかかわらず、ちょっとした工夫でさまざまな色合いや模様の美しい紙が生まれ、制作に対する期待が膨らみます。色紙を切ったりちぎったりしてコラージュする手法は苦手意識をつくりません。絵を描いてください、といわれると下手だから、技術がないからと躊躇してしまうことが多いのですが、色紙を使う手法は、技術的な能力に囚われることなく自由に制作に取り組むことができます。あまり考えすぎずに、感じたことを大事にしながらつくっていくことも、限られた時間の中で行うワークショップでは重要なことです。

技術的な差異が見えにくく比較しにくい「特別の体験」

技術的な差異が見えにくく、比較しにくいことを前提にワークショップを

考えますが、楽しいだけではだめです。制作に納得できること、作品をつくったという喜びと達成感を感じることが必要です。ティッシュペーパーを染めた色紙は、素材としてもきれいで魅力があるために創作に入りやすいのです。また、日常生活では経験できないことを意識的に設定し、「特別の経験」を体感できることも必要です。でなければその場限りのことで終わってしまいます。

地域に根づく芸術・文化を支えるもの

素材に使ったティッシュペーパーの色紙は切れ端も含めたくさん残っていました。それをみんな大事そうに持ち帰りました。翌年聞かされたのですが、色紙を葉書や封筒に貼って楽しんでいた人、別の作品をつくっていた人もいました。しかし何よりも驚いたのは、何人かのグループが幼稚園児や小学生と「つくる会」を開き、ティッシュペーパーを使った造形を再現していることでした。講座の内容を暮らしの中に取り入れ、さらに子どもたちや仲間にひろげていたのです。地域における芸術・文化活動はこうした住民の情熱によって支えられています。

その場が「楽しかった」というだけでは、ワークショップは一過性のイベントで終わります。その場で体験したことが何に繋がっていくのか、普段の生活とどのように結んでいけるのかを考えていく、そのきっかけになることが必要です。ひろがりと発展性があってこそワークショップを行う意義も出てきます。造形制作は個人的な世界や作業に陥りがちですが、自分が楽しいと感じたことや美しいと思い感動したことをほかの人にも伝えたい、共有したいと気づいたとき普遍性を持ちます。

「つくる会」の人たちの、幼稚園児や小学生と一緒にやってみたいという気持がこの気づきです。学びを分かち合おう、共有しようという発想こそが、長い間、行事や祭りなど地域の中に培ってきた暮らしの中の芸術・文化にほかならないのです。

地域の中に繋がりができるということは、まず住民の中に情熱があることです。そして繋ぎ手となる人たちがいること。さらに、芸術・文化に関する情報の交換と活動ができる開かれた場所が必要です。オホーツク・アートセミナーのある網走では、美術館や学校、そして参加者が経営している店も情報交換の場になります。「最近何やってる?」「この間こんなことを習ったんだけど」「こんどみんなでやってみようか」「孫たちとやるのもいいね」。ボランティアの組織をつくらなくても、地域の住民が、地域と芸術・文化の繋ぎ手になっているのです。

エコーセンター——交流と学びを育てる場所

網走市に新しい文化交流センター「エコーセンター」がオープンしたのは二〇〇〇年一一月のことでした。文化交流センターは、使い勝手のよい大小の部屋とオープンスペースがいくつもあります。四階建てで延べ床面積八千四五二・六六平方メートル。一階には図書館、ホールと展示室を兼ねたアトリウムロビーをメインに、リハーサル室や楽屋などの付随施設とクッキング室、創作室・窯室、工芸室、音楽練習室、レストランがあり、二階、三階には大小の交流室、学習室、研修室、会議室、茶室、視聴覚室など一七室が整備されています。工芸室や学習室は一時間三六〇円から利用できます（二〇一五年現在の使用料）。四階は三六〇度見渡せる展望室で、オホーツク海の流氷を見ることもできます。

二〇〇一年二月のことです。工芸室で絵葉書をつくっている人たちがいました。展望室では、イーゼルを立てオホーツクの風景を描いている人がいましたが、彼はそこをよく使っているのだそうです。顔見知りの人も多いので、声をかけると絵の材料の話や、季節や時間によって見える景色が異な

2000年11月にオープンした オホーツク・文化交流センター（愛称・エコーセンター2000）。網走川河口に建つ

るという話で盛り上がり、早速材料や道具を持ち込んで彼の隣で描き始める人もいます。エコーセンターができて間もないにもかかわらず、オープンな場所が交流と学び合いの場になっているのです。しかし、これはたまたま起きたことではありません。美術館や公民館などが芸術・文化と人を繋ぐ場所として機能し、繋ぎ手となる人たちがいる土壌と背景があったからです。

エコーセンターは、一九八三年頃から構想があり、一九八八年から具体的準備が始まりました。市民一六名による構想委員会が市長の諮問を受け答申書を提出しています。市民の声が反映されていること、地域の文化と暮らしに眼差しを向けたところから実現したことが、エコーセンターを生きた場にしたのでしょう。エコーセンターのオープンに伴って、オホーツク・アートセミナーが網走市教育委員会から市民主導に移行したことも納得できる経緯でした。

網走市の人たちは、「網走の冬は寒いし、たいしたものもない、だけど出て行く気はない。ここに住んでいることが楽しいから」と話します。まちを育て支えているのは自分たちだという自負があるのです。

4階の展望室から街とオホーツク海を望む

記憶はよみがえり、つながっている

土地の記憶を表す

記憶をよみがえらせ表すことは、情緒的で主観的な個人的作用であるが、網走の人たちの記憶は、ただの思い出でも追憶でもない。彼らから出てくる言葉は、日々の暮らしや子どもの頃、それといつも見ている風景への強い想いである。彼らにとっては、海や山、草原、建物などは単なる風景ではない。生活していく上で子どもの頃から見てきた風景や気候、風土がいかに今に繋がっているかが表れる。造形的に表現するときも発想の源に日常が色濃く反映している。それは、仕事や日々の暮らし、遊びなどが結びついたかけがえのない、生きる「場」、空間なのである。

オホーツクの海は、季節によって表情を変える。穏やかなときも荒々しいときもある。流氷は少ない年もあれば、多い年もある。厳しい寒さの中での仕事、吹雪の中を通った学校までの道のり、春の日差しを浴びながら駆ける草原の匂い。変化に富んだ自然とともにある暮らしと、日々感じてきたことの積み重ねが記憶としてとどまっている。

イメージや感情には、子どもの頃から現在に至るまでのさまざまな記憶が編み込まれている。しかし、記憶はもともと曖昧なものであり、鮮明だと思っている記憶すら脚色され誇張され変化しているものである。記憶はかつての出来事やかつて見たものであっても、たどる必要に迫られた瞬間に「新たな記憶」としてよみがえる。そこで想起するイメージは、写真のような具体的な像ではない。〈いま〉という〈時の中〉によみがえり、現在性を持つ。過去ではなく、長い時間をかけて蓄積されたさまざまな記憶の断片と集積であり、空間や時間、さらには感情も含まれる。忘れたい嫌な記憶もあれば家族とともに成長し生きる喜びもあるが、それは個人的な記憶にとどまらない。かつてとは違った形で、家族や友人、さらに社会と繫がる。

イメージは、絵画や写真、映像など、すでにイメージ化された視覚情報や読んだ文章、聞いた言葉など多様な情報が複雑に絡み合って生成されている。一方、記憶は異なった時間や場の経験、メディアなどの知識も加わり、その地域の生活や他者との関係性も組み込まれた現在的な現象である。記憶とそこから想起するイメージが、今によみがえり現在性を帯びるのは、精神活動や想像活動による複雑なプロセスによって、あらためて記憶を繋ぎ結び直すからである。

網走でつくられる作品を見ていると、〈いま〉という地点から記憶と向き合い、蓄えられたイメージを取り出し、〈いま〉の想いを言葉や形で創造していることがわかる。記憶が生き続け今によみがえるのは、〈いま〉の私の生を認識することであり、未来に繋ごうとしているからである。

表現として表すとき、特に意識しなくても他人や地域性が介在し、ほかの人の記憶や地域や集団の記憶も取り込まれる。オホーツクに抱くイメージは、個人の記憶や感情を拠り所にするものであると同時に地域の記憶がつくり出すものでもあるからだ。同じ風景を見ているようで、同じものを見ているわけではない。相互に批評し合い会話がひろがっていくのは、個々に共有できる環境と文化が背景にあるからであり、集団や地域によって共有される記憶が生き続けているからである。

言葉だけで表しきれないもの、見たことや感じたことを絵や図形に残す行為は、古代から行われてきた。視覚化することでよみがえるイメージを見える形にする。これはひろい意味で造形芸術が行ってきた行為にほかならない。そこには海や風の音、季節の気配や感情の揺らぎ、そして言葉も取り込まれる。網走の人たちは、自然観を暮らしと結びつけ、生きることを楽しむために表現するのである。網走でつくられる作品が普遍性を持ち、感動するのは、描かれた世界を通して誰にも内在する記憶や感情が揺さぶられるからである。

〈いま〉ここで感じること

情動は、人が生きていく上で大切な身体的作用だろう。表現行為にはこの情動が深くかかわっている。周りにあるさまざまなものや出来事、風景などに興味を持ち感情が働くのは、外界と自己を結ぶことであり、〈いま〉生きることの確認でもある。周りの人たちも対象であり、観察し想像し思考する先に創造が生まれる。創造とは、感じたこと、思考したことを表す行為であるが、ほとんどは身体的な記憶としてとどめられる。けれども、記憶は移ろいやすく忘れ去られるものでもある。そのために日記をしたためたり絵に表したりする。表現行為は特別なものではなく、記憶をとどめるために、あるいは伝えるために誰もが備えている表し方であり、個人的にも集団的にも機能してきた。

一方で、私たちの中に記憶が薄らいでいくことへの危機感が、意識的にも無意識的にも働いている。写真や映像と触れる機会が増え、スマートフォンで写真や映像を気軽に撮り、その場で友人に送ることもできる。記憶や思い出も写真や映像に残し記録することを優先させる傾向がある。記憶をとどめることの意味も変わってきたといえる。技術や機器が高度化するほど頭に蓄える必要がなくなり、自分で記憶しなくなってしまう。網走の人たちの自然観とそこからくるイメージの表出は、人の行動と情動についてあらためて考えさせられるものだ。私たちが概念化された風景のイメージにいかに囚われているかを、彼らは身をもって示してくれる。

オホーツク海の流氷を見るために遊覧船に乗った経験が三度あるが、最初に乗った年、流氷の量はそれほど多くなかった。オホーツク海の流氷を眼前にしたとき、その光景に感動する一方で、かつて映像や写真で見た風景を無意識のうちに重ねていた。映像や写真で見る風景は、より美しい時期や情景をとらえたものが多い。「今年は少ない、これから増えるかもしれない」と説明されたこの言葉も〈見る〉ことに少なからず影響を及ぼす。はじめて見る光景は感動的なのだが、どこかで「もっと素晴らしい光景なのではないか」「いい時期に遭遇しなかった」という気持が生まれ、目の前の光景を概念化された風景にしてしまう。

遊覧船の料金は、流氷がほとんどなければ割り引かれる。流氷が見えない遊覧は価値が低くなるということだが、流氷を見ることが一番の目的になったとき、風景に対する認識も規定されてしまう。乗客のほとんどは、船内の窓を通して流氷を眺め、窓越しに見える流氷を友人や家族をフレームに収めて撮影する。デッキは寒く、出ていくほどではない、と考えてしまう。すでに遊覧船に乗り、流氷を見たという目的は達成されている。船内は暖かく流氷を美しく撮影したCDも販売している。写真や映像、メディアがいかに人々の現実に対する知覚を変容させてきたかということである。

つまり、今そこに見える光景も大切だが、記録しあらためて確認し思い出すことも大切だと考えるのである。このような光景はあらゆる場面で見られる。観光地はもちろん、幼稚園や小学校の運動会もそうだ。子どもが一生懸命走っている様子をビデオカメラやスマートフォンで追いかける。かつてならファインダー、現在は小さな液晶画面を通して見つめる。肉眼で、その瞬間を大切な記憶としてとどめるのか、記録した映像を映っている本人を含め、家族と繰り返し見ながら思い出としてよみがえらせるのか、どちらに価値を見いだすかということになるが、善し悪しで判断するのは難しい。それほど日常に写真や映像によるイメージは浸透しているのである。さらに、編集されたイメージは、世界中の風景からスポーツの中継まで、外界を認識する方法の一つとして定着し、世界を拡張してきたことも事実である。

たとえば、演劇やスポーツをテレビで観ることと、舞台を観劇したりスタジアムでサッカーを観戦したりすることが異なることは、誰もが承知している。テレビでは数台のカメラで撮影されたものが編集される。クローズアップやロングショットを駆使し、展開していく場面の中心と思われるところに焦点を合わせる。それはカメラの眼であり、スタジオの編集者の眼である。では、舞台もスタジアムも俯瞰した状態でカメラが固定されたらどうだろうか。おそらく退屈なものになるだろう。

演劇を観る場合、舞台の上で役者が喋ればそちらに目を向け注目し、反対側から声がすればそちらを向く、というように全体と部分を自分の頭の中で組み合わせて実際は観ている。決して頭を固定しているわけではなく、身体全体で観ている。さらに、そこで起っていること、たとえば屋外のスポーツ観戦なら、隣で応援する声、笛を吹いている人、周りの会話など、さまざまな要素が組み合わさってその空間は成り立っている。

私たちは、直接身体的接触をもって体験することもあれば、代理的に間接体験することもある日常の中に生きている。なおかつ、複製技術や情報技術がより実体に近いイメージを持つようになり、日常的には疑似体験としてのイメージの場や空間が圧倒的に支配するようになった。私たちは何を拠り所にイメージを想起するのかがあらためて問われている。

ジョン・バージャーは、家族で動物園に行くことに対して、「大人は子供に複製品のオリジナルを見せるために連れていく。自分の子供の頃を思い出して、複製の動物世界の無邪気さを再確認しようというのだろう」と述べる(註1）。サバンナの中にいるわけでも北極にいるわけでもない、動物園や水族館で動物を見ることが実体を見る直接的な体験なのか、柵やガラス越しの光景は実体と複製の意識を曖昧にする。そこにいる動物は生きているが、動物園も水族館も複製された空間には違いない。直接的な体験と間接的な体験は相互補完関係にあるが、そこで何を期待するのか、求めるのか、現実そのものが変容してきたのである。

オホーツク海の流氷に話を戻そう。折角だからとデッキに出ることにした。すると流氷を眺める数分の間に意識が変化していくのがわかる。概念的なイメージから解き放たれていくのである。体感温度マイナス三〇度は肌に刺さるような寒さであり、流氷が鳴くようなきしむ音、流氷を砕きながら進む船体、海から眺める知床半島。それらを身体全体で受けとめたとき、見る、眺めるではなく、自然の中に身を委ね、〈いま〉ここにいることを感じとる。そして自分が時間の経過とともにあり変化していくことを実感するのである。見ること、感じることも環境の中で変化する。体感温度マイナス三〇度に直面することによって身体が覚醒するのだ。

私たちは、環境からさまざまな情報を日々受けとめている。写真や映像によるイメージは、たとえ実体に近いものであっても、外在化された眼差しである。たとえ美しい風景でも、それは〈見えている〉風景であり、〈見た〉という錯覚によって意識の中にとどまらないことも珍しいことではない。デッキから撮影した数分の流氷の映像を家族に見せたところで、そこで感じた肌を刺す寒さ、音、匂い、感情やその独特の空間を共有することはできない。むしろ編集されていない映像は、見せられるものにとって退屈なものでしかない。

私たちは、間接的な体験を含めてさまざまな環境の中で知覚している。自己を形成していく環境も育つ環境によって異なる。日々感じることの積み重ねによる複合的眼差しの中で生活している。

自らの身体は受容するメディアであり、発信するメディアでもあることを自覚し、〈いま〉ここで感じること、自らの身体について捉え直してみることも必要だろう。

註1
『見るということ』ジョン・バージャー、飯沢耕太郎監修、笠原美智子訳、ちくま学芸文庫、二〇〇五年

3

生活に根づく芸術文化の実践
——長野県 安曇野松川村
安曇野アートライン・サマースクール 2002 〜
安曇野まつかわサマースクール 2009 〜

●

長野県安曇野での活動は、当時の安曇野ちひろ美術館館長だった松本猛さんとの話し合いから生まれました。安曇野一帯には、一九九七年に開館した安曇野ちひろ美術館をはじめ多くの美術館があります。一九九八年に発足した安曇野アートライン推進協議会は、南は豊科から北は白馬まで、五市町村に点在する美術館約二〇館が参加。安曇野から芸術文化を発信し、文化活動の拠点とするために「アートライン・ポスター大賞」を実施し、アート・スクールの計画などさまざまな試みが進んでいました。

このアート・スクールの一環として計画されたのが〈安曇野アートライン・サマースクール〉です。このワークショップは、地域に密着したテーマを見つけ、地域社会における芸術文化の意味を捉え直し、社会生活の中に芸術文化を根づかせていくための手法を考え実践する試みと位置づけました。

二〇〇一年から実現のための話し合いを経て、二〇〇二年四月、武蔵野美術大学芸術文化学科三年生三名、一年生七名、計一〇名の学生が加わり安曇野アートライン・サマースクールは本格的にスタートします。安曇野アートライン推進協議会が主催し、松川村グリーンツーリズム推進協議会、松川村役場、武蔵野美術大学芸術文化学科が共催、安曇野ちひろ美術館を会場に八月に開催することが確認されました。実質的な運営は安曇野ちひろ美術館が担い、二日間のワークショップを美術館スタッフ、松川村グリーンツーリ

ズム推進協議会会員、松川村役場職員、芸術文化学科スタッフが共同で行うというものです。

松川村グリーンツーリズム推進協議会は、松川村の自然、生活、歴史、文化を来訪者に伝えるとともに、住民には生れ育った豊かな環境や文化を再認識してもらうことを目的に二〇〇一年一二月に発足したばかりでした。会員は教育委員や教員経験者が多く、このワークショップへの力の入れようは並々ならぬものでした。

作家との共同ワークショップを模索

最初のワークショップは、すでに美術館の予定に入っていた企画展「木・遊・人 島添昭義展」(二〇〇二年七月一九〜九月二四日)の作家、島添昭義さんを講師に迎え、島添さんと学生たちが共同でワークショップの企画を立てました。作家との共同による企画ははじめての試みです。

この年は、徳島県神山町と安曇野でのワークショップを四月から同時に準備することになり、両方にかかわった学生も多く、分担しての準備になりました。異なった地域、異なった方法によるワークショップの企画は簡単ではないのですが、一〜二年次に神山を経験した三年生が三名いたことが大きな力になります。

島添さんは、木を主な素材にオブジェや玩具、日用品など多岐にわたる造形作家として知られています。作品はユーモラスでウイットに富んだものが多く、学生にとっても親しみやすかったようです。

作家との共同なので、作品や背景にある考え方を理解し、展覧会の企画の趣旨を確認し、作家がどのようなワークショップのイメージを持っているか引き出すことが必要です。もちろん作家のワークショップを手伝う内容であってもいけません。共同企画ですから、お互いの考え方や意図を伝え了

註1

松川村役場へ経過報告のメール

途中経過ではございますが、企画の方向性が決まってきましたので簡単に報告します。

副題として、〈安曇野に集う仲間たち〉(仮称)

仲間たちとは、美術館や地域スタッフ、学生スタッフ、参加者を指し、同時に参加者がつくった作品を意味します。

趣旨

安曇野を満喫し、自然にあるもの身近なものの造形の面白さを発見します。また、想像と見立てにより、つくることを楽しむワークショップにします。同時に参加者やスタッフとのコミュニケーションやワークショップという場における体験の共有、安曇野の環境を大切に見ていきます。

ワークショップ概要

一日目

安曇野散策、探検と遠足が混じったような感じで、森や川などの散策を楽しみます。目的は素材を集めることですが、風景や自然物などに触れ、体感することに主眼を置きます。そのことによって、想像力を膨らませ、制作のための発想、創造力の手助けとします。

二日目

解し合うことが第一歩です。四月から七月までの約三か月、島添さんと丁寧な意見交換が行われました。この間、学生たちにはマネジメント力が求められます。企画案がほぼ固まった七月、松川村役場の担当者に宛てた途中経過の報告メールは、学生たちの思考のプロセスと意気込みが伝わるものでした(註1)。

こうした過程を経て、第一回　安曇野アートライン・サマースクールが八月に実施されました。その内容は、学生たちの企画案をもとに細部を詰めたものでした。

第一回　安曇野アートライン・サマースクール「あなたの感じる安曇野をかたちに」

二〇〇二年八月二四日、二五日　安曇野ちひろ美術館

一日目　安曇野の探索

有明山社、高瀬川、高原神話の小道、芦間川、馬羅尾高原を三班に分かれ散策します。携帯するのは、あらかじめ用意した手づくりの地図、素材を持ち帰る布のバッグ、班を色分けするバンダナです。

島添先生のお話を聞き、その作品観に触れます。一日目に持ち帰った素材とこちらで用意する素材を組み合わせます。見立てや想像を膨らませ「安曇野の仲間(たとえば鳥や虫、小動物など)」を島添先生の話を交え、思い思いにつくってもらいます。最終的には、安曇野ちひろ美術館の中庭に用意したオブジェ(学生がつくる流木のアレンジ)にそれぞれの作品を展示し、参加者全員でアレンジして完成させます。個々では小動物の作品をつくり、ワークショップ全体で「安曇野に集う仲間たち」という一つの作品に仕上げ、安曇野ちひろ美術館の中庭に展開します。

散策ルート、案内について

馬羅尾高原や高瀬川などに行き、流木、小枝、松ぼっくり、小石などを採取できればと思います。その他、素材は偶然の出会いがあっていいかと、そのために歩きながら素材に出会う時間を確保したいと思っています。

グリーンツーリズムの方々には、自然の話(山や森のこと、川のこと、木や葉っぱのことなど)と、子どもの頃、自然の中でどんな遊びをしたかなど、自然な流れでお話いただければと思っています。和気あいあいと、参加者、スタッフがコミュニケーションをとれればと散策には、素材と出会うこと、安曇野の自然や歴史を身近に感じてもらうという二つの目的があります。それぞれの班には、グリーンツーリズムの会員がインストラクターとして付き、要所要所でその場所の謂われや伝承民話などが語られます。山の中では草木の名称や毒きのこの見分け方なども聞くことにより、ただ素材を集めるだけではなく、素材に自然や土地の歴史が結びついていることを知ることになります。

探索した場所では、翌日使うための素材をそれぞれが集めます。高瀬川では石を、芦間川では流木、馬羅尾高原では木の実や葉っぱ、小枝など、気になるもの、集めるものが異なります。

二日目　安曇野ちひろ美術館でグリーンツーリズムと島添さんのお話、制作

みんなが車座になり、参加者一人ひとりが集めてきた素材について語ります。グリーンツーリズムのかたは自然との関連で、島添さんは造形作家の立場から素材についてわかりやすく話してくれます。そこから、集めてきた素材が安曇野固有のものであることを感じとり、なにげない木や石に対する愛着が生まれます。島添さんから制作にあたっての心構えが話されたあと制作が始まります。

それぞれが想像を膨らませます。前日の森の中の風景や川辺の音など、

1

思います。

一時のイベントではなく、そのときに居合わせた人とその場所でしか経験できない、最終的にはその思い出が一番の作品となるようなワークショップになるようがんばりたいと思います。（芸術文化学科二年　北澤智豊）

それぞれが印象をよみがえらせて木や石に命を与え、「安曇野にいると思う生きもの」「いたらいいなと思う生きもの」を形にします。素材は前日集めた木や石などですが、そこに目や耳などどうしても必要なところだけ、あらかじめ用意したボタンや毛糸などでつけます。つくるのは個々人ですが、それぞれが「安曇野に集う仲間」の一つであることを無意識に感じとっているようで、島添さんの作品とも「仲間」として繋がろうとしています。一緒につくる学生たちも、同じ体験をしていることで言葉やイメージを共有することができ、島添さんと作品を媒介にして創造する行為は、独特の世界をつくり出すことになりました。

作家と共同で行うワークショップの魅力と可能性を強く感じる企画でした。作家と共同で行うワークショップは、作家にとっても学生や参加者にとっても新鮮な場を生みます。参加者は、自らが制作することによって、美術館に展示されていた作品が身近なものとなり、作家と共同した達成感が生まれます。学生は、作品を通して作家の考え方や素材の捉え方、創造に至る流れを直接感じとり、その場で実践することができました。

大学の変化と学生たちの自覚——課外活動から授業科目へ

徳島県神山町、長野県安曇野など、こうしたプロジェクトは当初は学生の

2

1　オープニングセレモニーとして、安曇野の伝統芸能「信濃松川響岳太鼓」が安曇野ちひろ美術館の中庭で行われた

2　松川グリーンツーリズムの宮沢さんが木の名前、毒キノコの見分け方も教えてくれる

課外活動の一環として行われていました。しかし、実践的なプログラムが想像以上の教育的成果を上げたことで、翌年から授業科目「アーツプロジェクト」として設定されることになりました。二〇一五年現在、半期二単位、合計一二単位まで学年を超えて取得が可能で、ときには大学院生が参加し、三年間、四年間と継続選択する学生もいます。まさに教育的成果です。

3

4

5

6

3　集めた素材で「安曇野にいるかもしれない、いたらいいな」と思う想像上の生きものをつくる
4　つくり上げた自分だけの「生きもの」をどこに、どんなふうに置くか。自分のイメージにふさわしい場所を選ぶ
5-6　ずーっと美術館の中庭に住んでいる「生きもの」のようにさりげなく展示する

第一回 安曇野アートライン・サマースクールでは、徳島県神山町の経験が生きました。一～二年次に神山町を経験した三年生四名は、何のためにワークショップを行うかの自覚があるのです。継続していくことで蓄積されるものの大きさです。

まずその土地を知ること。その前提がなければ地元の人たちの理解や協力は得られません。三年生四人以外はすべて一年生です。しかし明確な意志を持った三年生の存在が一年生を刺激します。学年を超えた構成は、上級生に責任感と伝えていくことの自覚を生み、一年生は、はじめての経験の中で学年を超えて学び合うことの面白さを実感します。高校までクラブ活動などを通して体験した縦の繋がりが、再び教室や実践的な学びの場に持ち込まれ、さらに一回限りのワークショップではないので、それまでに積み上げてきた無形の意志を引き継ごうとする姿勢が生まれます。このような見えない力が第二回（二〇〇三年）から第五回（二〇〇六年）まで、授業科目「アーツプロジェクト」として行われたワークショップへと繋がっていきました。

芸術文化学科三年生四名、一年生七名、教員一名が参加。

第二回　安曇野アートライン・サマースクール「のぞいてみようよ安曇野を！つくってみようようよぼくらの王国！」

二〇〇三年八月三〇日、三一日　安曇野ちひろ美術館

第一回は、安曇野の魅力とアートラインに加盟する美術館を知ってもらうことを念頭に、ひろく募集を行い、東京をはじめ県外からも多くの参加者がありました。しかし、安曇野周辺に住む子どもたちにこそ造形ワークショップの魅力を伝えたいとの希望から、対象を地元の子どもたちに設定し、ワークショップの方向性を修正しました。内容は虫眼鏡を使った散策で、松川村の自然を見直し、魅力を再発見しながら「自分の王国」をスケッチし造形することです。

一日目　虫眼鏡で安曇野探索

一日目は前年同様グループに分かれて散策しましたが、虫眼鏡を使うことで思った以上の効果がありました。子どもたちは葉っぱの裏側や地面を這う小さな虫、苔などを拡大しスケッチします。さらに樹木の表面を観察しているうちに耳をあて、水が流れるような音に歓声を挙げます。すでに想像力を膨らませ、翌日の制作を楽しみにしていました。

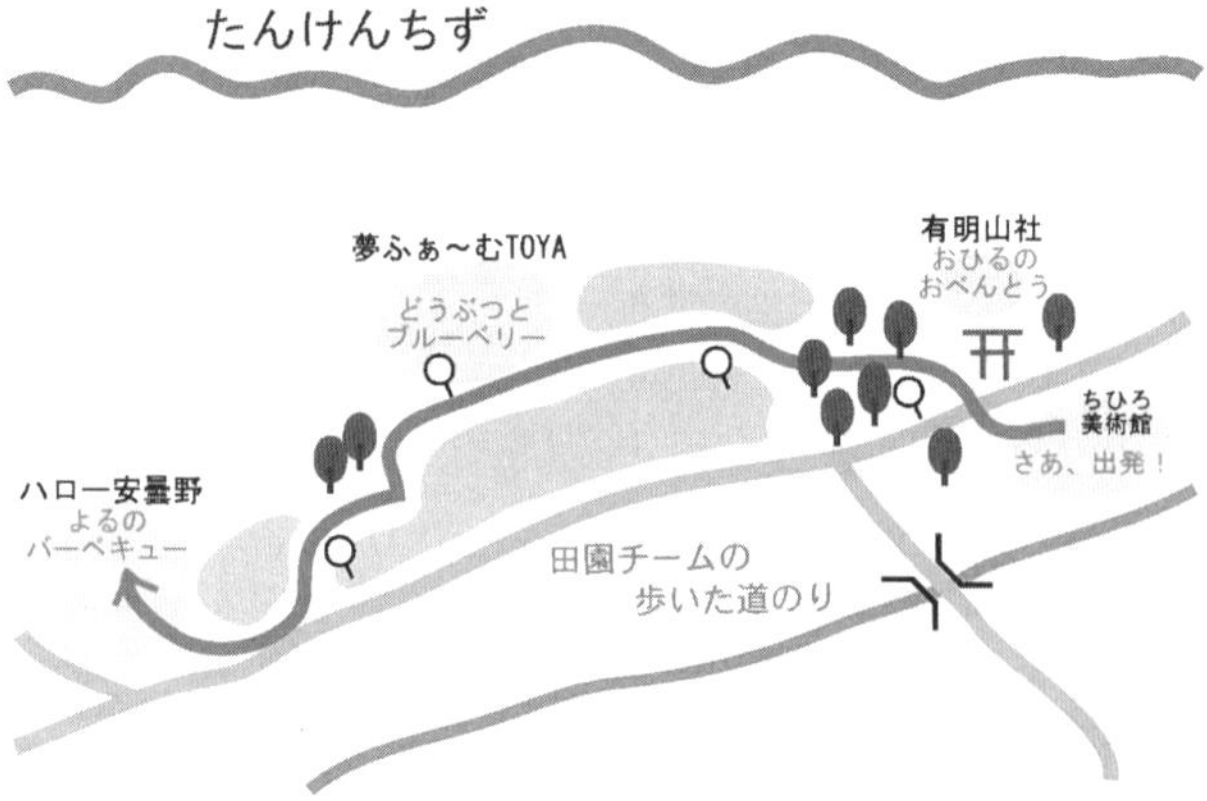

1

5

2

3

6

4

1　ワークショップの参加者は47人。探索は、有明山社に向かう田園チームと馬羅尾高原に向かうチームに分かれた。ゴールは「ハロー安曇野」

2　有明山社に到着。まずお昼ごはん

3　お昼ごはんのあと、神社の隣の林の中を探検。虫眼鏡で観察すると小さな生きものがよく見える。虫眼鏡とスケッチブックは、一人ずつ配られた「たんけんバッグ」に入っている。見つけた生きものをスケッチブックに記録する

4　有明山社の林を抜けると収穫間近の田んぼが続く

5　植物の説明をするグリーンツーリズムの勝野さんと子どもたち。子どもたちに蓄えた知恵と知識を伝える

6　田んぼのあぜ道に「なにか」を発見。虫眼鏡で覗くと「いつもの道」が「はじめての道」になる

8

7

9

二日目　立体造形

二日目は、描いたスケッチをもとに、三〇×三〇センチメートルの板の上に立体的な造形を行います。材料は紙粘土や綿、植物などさまざまで、最後に絵の具で色をつけて完成です。

この年は、企画から運営、進行まですべて学生が行いました。また、映像と写真をドキュメントとして残すためにワークショップ班と別に記録班が加わりました。

芸術文化学科四年生二名、三年生二名、二年生四名、一年生四名、記録班として一年生三名、教員二名、助手一名が参加。

10

11

12

7　有明山社の次の目的地「夢ふぁ〜む TOYA」に到着。ヤギも牛も馬もいる

8　木になったブルーベリーの実を観察し、実をつまんで食べてみる

9　ゴールのハロー安曇野に到着。このあと野外バーベキューが待っている

10　昨日の探検で書きとめたあずみの王国のスケッチ

11-13　スケッチをもとに紙粘土、綿、植物で造形し、絵の具で色をつけて「あずみの王国」をつくる

15

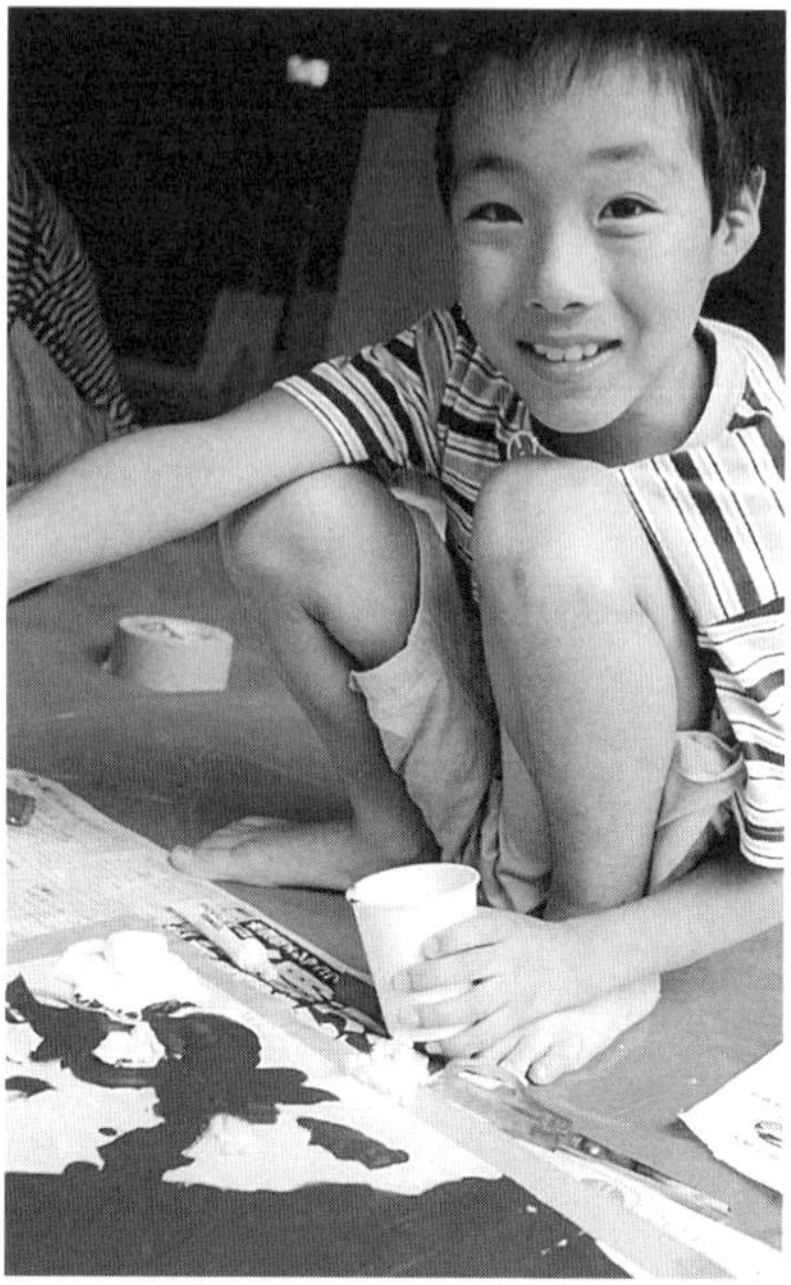

13

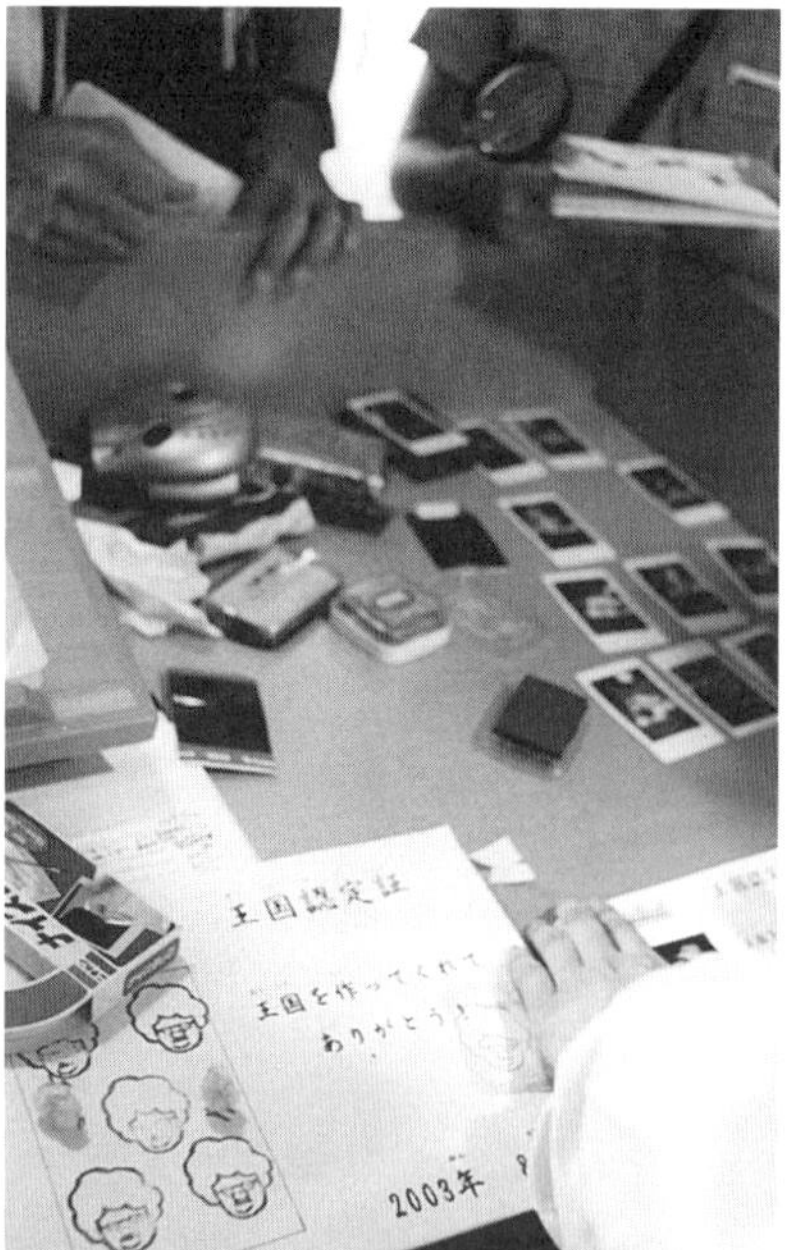

16

14

17

14　みんなの作品を美術館に展示。美術館には一般の来場者も多く、さまざまな「王国」を見ることができる

15-16　みんなが持っているスケッチブックの「王国認定証」ページ。自分がつくった王国の写真をここに貼る

17　スケッチブックには、昨日の探検で書きとめたメモやスケッチが。今まで気づかなかった、虫眼鏡で見つけた安曇野がたっぷり詰まっている

第三回 安曇野アートライン・サマースクール「みんなでさけぼう あずみっけ！！ 音ぬしさまみーつけた」

二〇〇四年七月三一日、八月一日　安曇野ちひろ美術館

安曇野ちひろ美術館で開催中の原田和男展「シデロ イホス　鉄の響」に合わせ、二〇〇二年と同じ手法による原田和男さんと学生たちによる共同ワークショップを企画しました。原田さんは音の出る鉄の彫刻家として知られ、「ΣΙΔΕΡΟ ΗΧΟΣ シデロ イホス　鉄の響」は自ら制作する彫刻の総称です。安曇野ちひろ美術館のエントランスと中庭には、開館以来「シデロ イホス」が設置され、来館者はたたいたときに生じる独特の音色と残響音を楽しみます。展示作品は、転がすと透明感のある金属音を奏でる銀色の球体や二枚の羽根が風に揺れて心地よい音を出す「KOMOREBI」など、さまざまな音響彫刻で構成されています。メイン・イベントは、原田さんによる「シデロ イホス」の演奏と参加者が制作する楽器による合同演奏会です。

一日目　安曇野の自然の音を聴く

一日目は、散策を通して自然の音に耳を傾けます。集中すると普段聞こえなかった音も感じとることができます。そこで感じた音からイメージを

1　倒木はどんな音がする？石でたたいたり、金属でたたいたり

2　森の中で音を聴く。風に鳴る木の葉の音、せせらぎの音、石が風を切る音

膨らませ、自分の音を出すための楽器をつくる材料を集めます。材料は流木や葉のついた小枝、小石などさまざまです。

1

2

5

3

3 枯れ枝、落ち葉。森の中のすべてのものが音を出す
4 松川村の古い伝承を持つ大きな岩の由来を聞く
5 集めた材料で楽器をつくる
6 枯れ枝でつくった木琴
7 これも楽器になる？ 枯れ枝に金具を結び、バケツの中で音を出す

4

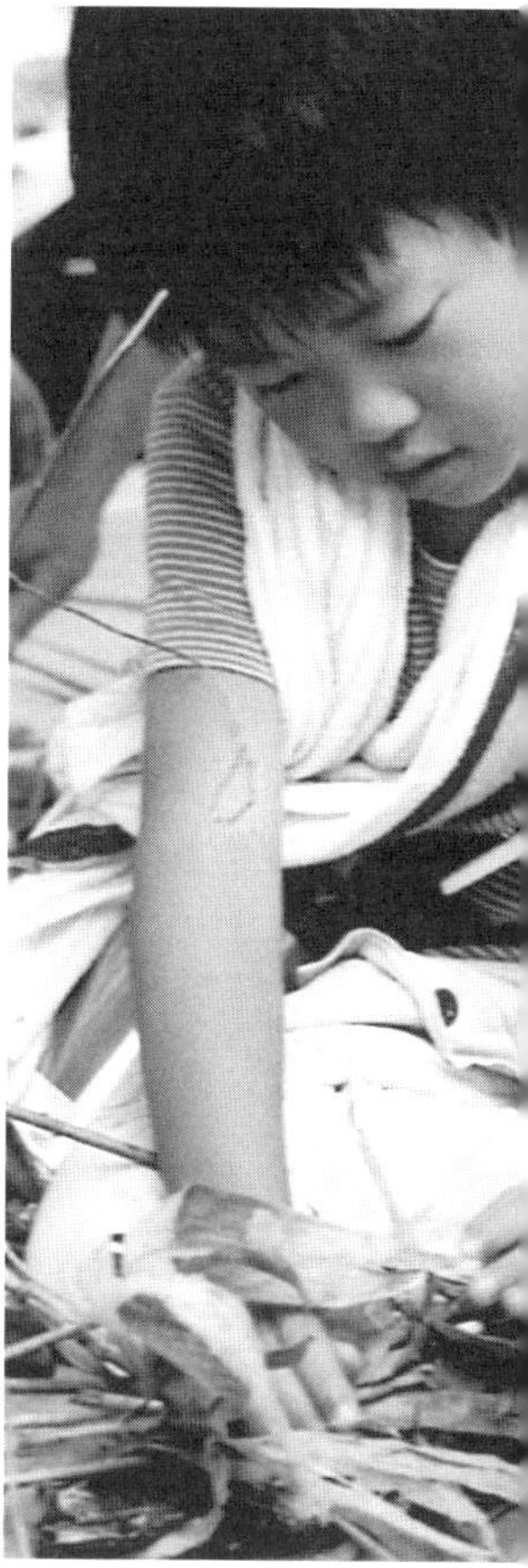

二日目　楽器づくりと合同演奏会

二日目は午前中に楽器づくりを完成させ、最後は美術館のホールで合同演奏会です。原田さんが演奏の中心になり、全員が音を合わせていきます。原田さんのリードの素晴らしさもありますが、数分の間に得も言われぬ音の響きとハーモニーが生まれていきます。学生たちも含め参加者全員が集中し、演奏会は盛り上がっていきます。音の響きに誘われた来館者も周りを囲み、いつしか、来館者の身体の動きや口から発する音が共鳴した空間となり、感動的でした。

原田さんは、企画段階から学生たちと積極的に触れる機会を持ち、その後、東京・汐留の公団住宅広場にある作品を一緒に鑑賞するなど、新たなひろがりをつくり出すワークショップとなったのです。

芸術文化学科二年生三名、一年生七名、記録班二年生三名、一年生一名、教員二名、助手一名が参加。

6

7

8

11

10

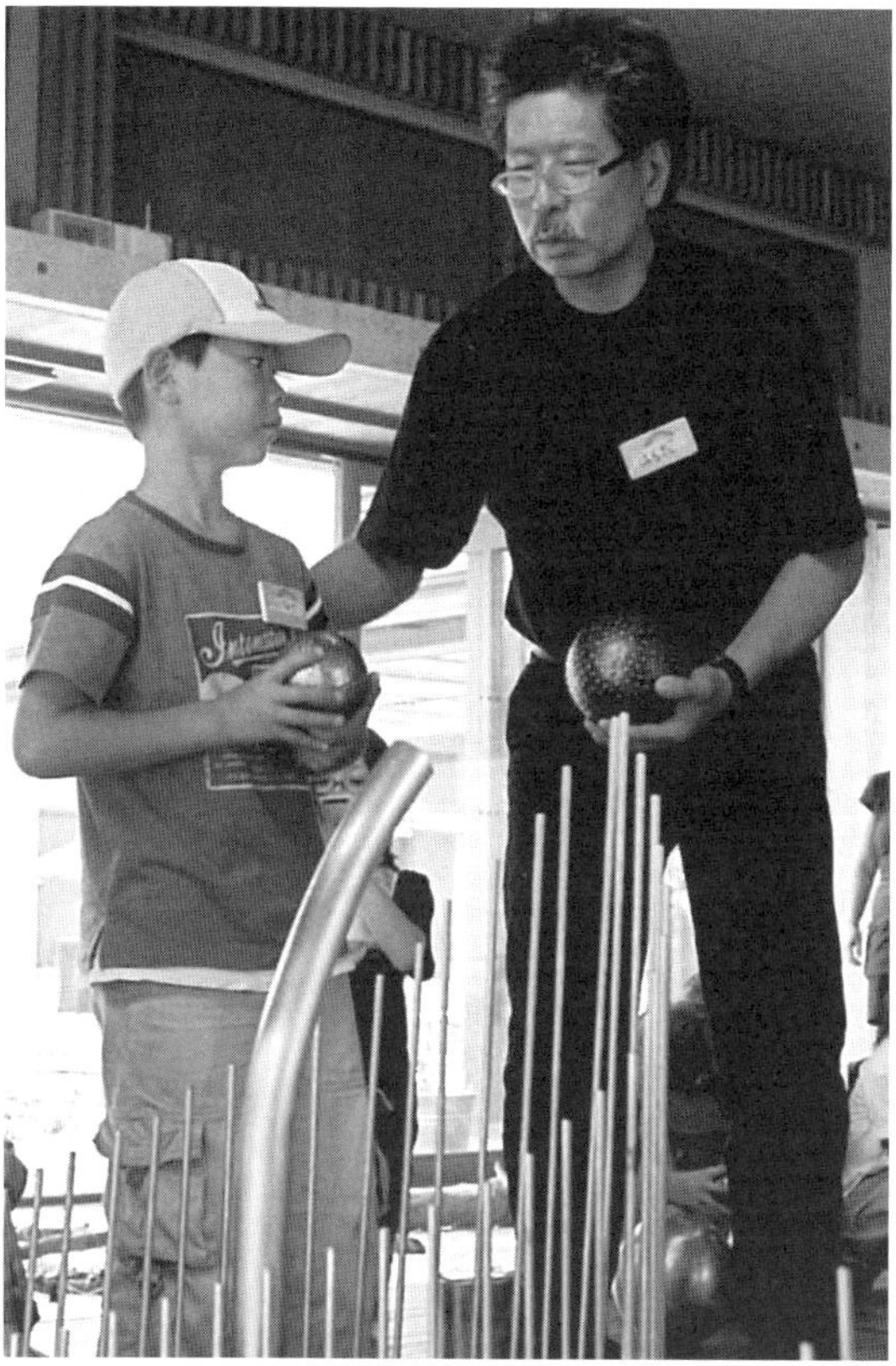

9

8　合同演奏会の前に、シデロイホスを触って鳴らして音を聴く
9　原田さんと
10-11　シデロ イホスと森の中の楽器で合同演奏会

第四回 安曇野アートライン・サマースクール
「風、青い空、ぼくもわたしもひらひらたなびく！」

二〇〇五年七月三〇日、三一日　安曇野ちひろ美術館

「汚す」「洗う」「干す」をテーマにした布を使った遊びの提案です。それぞれ自分の布に色をつけたり洗ったりしながら身体全体を使って、プロセスを楽しみます。布を繋いで巨大な布にしたり、まとって泥合戦を行ったりと、布の感触と布の自在性を感じとっていきます。最後はロープに洗濯物を干すように吊るし、布のさまざまな表情を作品にしました。

芸術文化学科四年生一名、二年生三名、一年生五名、記録班三年生一名、一年生一名、教員三名、助手一名、教務補助一名が参加。

1

3

2

1　安曇野の空に色とりどりの布が翻る
2　みんなが持ってきた布をきれいに張り合わせると、こんな大きな天幕に
3　結んで繋いで布のトンネルの中を走る、走る

5

4

4　布を身にまとって、松川村の歴史や植物のことを教えてもらう
5　布を身につけて泥合戦

第五回 安曇野アートライン・サマースクール
「村へとびだせ！！ イロイロワイワイ色職人」

二〇〇六年七月二九日、三〇日　安曇野ちひろ美術館

色に興味を持ち、自分だけの色をつくることから始めます。色を混ぜる、水で薄める、紙に霧吹きで吹きつけるなどつくり方もさまざまです。色のついた紙は立体的なオブジェになり、みんなに見てもらうためにグループごとに担いで練り歩きます。

芸術文化学科三年生四名、二年生三名、一年生四名、記録班二年生一名、一年生一名、教員三名、助手一名、教務補助一名が参加

1

3

2

1　オープニング。美術館の周囲にひろがる安曇野ちひろ公園で色のパフォーマンス

2-3　水で溶いた絵の具をスタンプしたり霧吹きしたり

5

4

4　グリーンツーリズムの宮沢さんから野鳥の話を聞く
5　完成したオブジェを担いで練り歩く。御神輿みたいに

六年目の問題検証――立場ごとに異なる目的と認識

二〇〇六年七月二九日、三〇日　安曇野ちひろ美術館

六年目を迎えた二〇〇七年春、いくつかの提案や考え方の違いを指摘する意見が地元から提示されました。実行委員会を本格的に立ち上げようという機運に関連した五年間の検証と問題点の整理です。これは四月の松川村役場、松川村公民館、安曇野ちひろ美術館、松川村グリーンツーリズム推進協議会の担当者による打ち合わせに基づくもので、内容は次のようなものでした。

- グリーンツーリズムのインストラクターは、ワークショップのテーマの中に安曇野の歴史や風土といったものが盛り込まれた場合、知識提供者として参加することが本来のかかわり方だった。
- 開始当初は安曇野の要素をテーマに盛り込むことも比較的容易だったが、徐々に学生たちの自由な発想によるワークショップが中心になっている。
- グリーンツーリズムとしては、村の要素を取り込んでもらいたいという強い希望がある。そうでなければ松川村でやる意味を見いだすのが難しい。
- 深く取り組めば、安曇野、松川村はもっといろんな要素がある。

・知識提供といった分野での必要がないのであれば、グリーンツーリズムの参加は見合わせたい。しかし、これまでの経緯と今後のことを考え、アドバイザー的存在として、都合がつく限り活動にかかわっていきたい。
・一昨年、昨年からそれぞれの立場でサマースクールをどのように考えているのかが問題点として挙げられてきた。実行委員会を立ち上げる前に、村として今後サマースクールをどのように考えていくのかがまだはっきりとしていない。
・今の体制（松川村経済課対応）では、村の芸術、文化面を育てていく本来の主旨に対応しきれていない面もある。
・村としては「サマースクールを継続していくための実行委員会」を立ち上げるのではなく、「村の芸術面、文化面を育て、伸ばしていくための実行委員会」が必要であると考えている。
・過去五年間の活動が村にもたらした文化、芸術面での貢献度は計り知れないものがあり、今後もこういった事業は継続されていかなければいけない（註2）。

お互いの立場を理解するために

こうした提案を踏まえ、五月の事前視察の際、学生、松川村役場、安曇野

註2
二〇〇七年四月一八日、一三時　松川村役場会議室
「安曇野アートライン・サマースクールについて」をテーマに話し合いが行われ、五月の武蔵野美術大学との打ち合わせ時に提示された。
出席者
仲川達也（松川村経済課）、奥原千恵（松川村公民館）、勝野恒雄（松川村グリーンツーリズム推進協議会）、柳川あずさ、宍倉恵美子、大滝智子（安曇野ちひろ美術館）

ちひろ美術館、芸術文化学科の担当者による打ち合わせが行われました。「地域について考える」をテーマに、「グリーンツーリズムのかかわりについて」「実行委員について」「大学と地域との交流・連携の促進について」「事業助成金について」などが話し合われたのですが、それぞれが本音を語り合ったことは次に繋がる第一歩になりました。それぞれの立場からの真剣な問題提起があり、それは当時の記録によく現れています（註3）。

松川村役場

・一緒にゼロから企画をつくっていくのは難しい。

・サマースクールでのグリーンツーリズム推進協議会の位置づけを明確にしたい。

・今年のテーマが決まってから、かかわる必要がないのであれば、グリーンツーリズムの参加は見合わせる。（仲川）

松川村グリーンツーリズム推進協議会

・グリーンツーリズムとしてではなく、個人としてかかわったほうがよい。当初、農業の活性化を促進する〈安曇野生き生き塾〉の生活交流部会に協力の依頼があり、グリーンツーリズムが活動にかかわるようになった。参加した目的は、文化、生活全般を学生に伝え、ワークショッ

註3
二〇〇七年度安曇野アートライン・サマースクール視察第一回
——安曇野松川村＋武蔵野美術大学打ち合わせ
二〇〇七年五月二七日、一三時三〇分〜一七時　松川村役場会議室
進行：宮崎萌香
出席者
仲川達也（松川村経済課）、奥原千恵（松川村公民館）、勝野恒雄（松川村グリーンツーリズム推進協議会）、竹迫祐子、柳川あずさ、宍倉恵美子、大滝智子（安曇野ちひろ美術館）、鈴木民保、川本雅子（芸術文化学科研究室）、中野千春、永田絢子、三田真由美、宮崎萌香、国松知美、横尾千穂、赤松千春、梅澤友紀、神野智彦、久保山里奈、酒井茜、志賀真智子、中馬彩、森久美子（芸術文化学科学生）

プの教材として活用してもらうというものだった。五年を経ていくつかの問題点が出てきた。

・対象が学生なのか、参加者なのかわからなくなってきている。
・大学が松川村でワークショップをやる意義は何か。
・学生が主体となって進めていきたいとのことだが、どのように協力していけばよいか。
・この活動は、松川村にとって必要だと考える。
・現在は役場の経済課がイニシアチブをとっているが、今後、誰がいつからどのような形で動いていくのか。
・今年度はグリーンツーリズムの名前は出さない。
・これまで、生涯学習的な位置づけをグリーンツーリズムが担っていければと考えやってきたが、今の村にその基盤がない。
・村、美術館、大学として、もっとやるべきことがあったのではないか。（勝野）

武蔵野美術大学芸術文化学科

・これまでにつくりあげた関係を大切なものだと思っている。今後もグリーンツーリズムと連絡をとっていきたい。（宮崎）
・企画内容は問わず、村としてはかかわれないということだろうか（川本）
・大学も力不足の点があった。

・人と人との間に入っていく術がないか。いろんな人をリサーチすることから人に触れるといった方法もある。

・今後、実行委員会が立ち上がることが、やはり理想の形である。（鈴木）

松川村役場

・村の担当者一人が対応し、さらに毎年担当者の交代という現状もあるが、これまでお手伝いという感覚で、一緒に活動をつくっていく気持ちが村やグリーンツーリズムにもなかった。しかし、これからはお手伝いから抜け出して、村の事業としてどうしていくか考えていきたい。

・今後は村の事業として検討していく。しかし、今の段階では、村としてこのサマースクールをどうしていくかがはっきりしていない。これまでは、知識的なサポートとして経済課が対応してきたが、今後もっと状況を理解する必要がある。考えをまとめたい。（仲川）

安曇野ちひろ美術館

この活動は、松川村役場経済課のおかげでスタートできた。また、観光事業の一環であるグリーンツーリズムの存在が大きい。当初は観光で訪れる人を考えていたが、五年の継続を経て、むしろ村の中から、村の子どもたちが文化の担い手になっていくことに意義を感じるように変化していったように思う。

今の段階で、この意識の芽生えのようなものをどう育てていくか明確ではないが、美術館、役場、地域の中で、文化事業をどう位置づけていくのか話し合いが行われるようになった。これは確実な前進だ。小さな村で、地殻変動が起こり、その基盤が育ってきた。この変化を真正面から見据え、「状況を理解する力」「見極めていく力」を育ててほしい。話し合いのプロセスを通して、しっかりぶつかり合い、前向きに話し合ってほしい。（竹迫）

松川村公民館

公民館が主宰している〈わんぱく探偵団〉を例に挙げるなら、松川村が自立して、生き生きと活動していく場をつくることに徹している。たとえば、「ザ・お笑い講座（挨拶の仕方、座布団の返し方から学ぶ）」を開催したが、この講座は好評で、その後サークル活動となった。人数ではなく、受ける人がどう思うかが重要なのだと思う。私たちができることは、きっかけづくりであり、村を好きになってもらい、村民がこんなこともやってるんだなと興味を持ち、ゆくゆくはボランティアが増え、実行委員という形が生まれるのが理想の形だと思う。松川に皆の感覚を入れてもらって、松川を材料として新しい風を入れてほしい。（奥原）

松川村の芸術文化を繋ぐワークショップへ

神山町のワークショップと異なり、安曇野では松川村役場、安曇野ちひろ美術館、松川村グリーンツーリズム推進協議会、大学の四者による共同で進めてきています。それぞれの立場で目的も認識も異なっても不思議なことではありません。置かれた立場の違いからの主張は当然で、あえて本音で語り合い、目的に微妙なズレがあること、思惑が混在していることを把握し認識することがまず必要でした。グリーンツーリズムの目的は安曇野の歴史や風土を伝えていくことです。

会長の勝野さんが指摘するように伝えるべき対象が「学生なのか、参加者なのかわからなくなってきていた」というのは、実感のこもった言葉で、グリーンツーリズムの立場と、それを受けとめる大学や学生たちとの温度差を顕著に示しています。当時学生たちは、参加者とともに安曇野の歴史や風土を学ぶという姿勢はあっても、ワークショップの企画や進行が優先しがちで、グリーンツーリズムの説明が熱心であるほど、参加する子どもたちにとっては重くなるのではないかと感じていたことも確かです。学生たちは造形の面白さや楽しさを追求し、ワークショップの企画が自分たちの世界に寄りがちで、安曇野の地域性や歴史に対する意識は、地元から見れば甘かったのです。

鈴木さんは大学の力不足があったことを認め、「どうにか人と人との間に入っていく術がないか」模索します。

永田さんは、「当初は神山の実行委員の形を思い描いていたが、松川は松川の形をつくっていく必要がある」と、あらためて松川村の地域性に寄り添うことを意識しました。前年二〇〇六年の企画が神山町と同じものでメンバーも重なっていたことで、四月からの準備と企画を練っていく過程で、「地域」は安曇野松川村でも徳島県神山町でもなく、抽象的な地域となっていたのです。結果的に二〇〇六年の活動によって潜在していた疑問や問題点が浮上したのです。

勝野さんは「これまで、生涯学習的な位置づけをグリーンツーリズムが担っていければと考えやってきたが、今の村自体にその基盤がない。村、美術館、大学として、もっとやるべきことがあったのではないか」と振り返っています。

仲川さんは「一緒に活動をつくっていくという気持ちが、正直、村やグリーンツーリズムにもなかった。しかし、これからはお手伝いから抜け出していく必要がある」とし、「サマースクール継続のために、実行委員会を立ち上げるだけでは村に根づいていかない」と話しています。

学生の「企画で盛り込んでほしいところはありますか?」との問いかけに

対して、奥原さんは「私たちではわからないこの辺のよいところを新しい感覚で見つけてほしい」「ここに住む私たちにとって至極日常的で共通な意識＝稲、野菜の出来具合なども見てほしい」と応えています。

あらためて、二〇〇二年スタート時の趣旨、地域に密着したところからテーマを引き出すこと、地域社会における芸術文化の意味を捉え直し、社会生活の中に芸術文化を根づかせていくための実践が問われました。

再スタート

第六回 安曇野アートライン・サマースクール「チョキチョキ、ペッタン　ただいま安曇野はりかえ中！！」

二〇〇七年七月二八日、二九日　安曇野ちひろ美術館

話し合いを踏まえて「安曇野のよさを再発見する」というテーマが設定され、公民館が主宰する〈わんぱく探偵団〉も参加しました。学生たちは、ワークショップの趣旨として冒頭に次のような言葉を挙げました。

これまで安曇野に住んでいる人たちにとってあたり前であった安曇野の景色を、あらめて見直すことで、再発見のきっかけをつくる。

お宅訪問の際に切り取ってきた「風景」を立体に再現する。また、お宅訪問の方々と参加者との地域におけるコミュニケーションをはかる。

お宅訪問とは、これまでの散策に替わり班ごとに何軒かの民家を訪問することで、村の人たちとの距離を縮めようというものです。六班で六軒のお宅を訪問し、話を聞いたり、部屋の窓から見える風景を写し取ったりします。

一日目　松川村探訪、聞き取り、松川村の風景の「写し取り」と再現

1　各班に分かれ、フレームを使って景色を眺めて回ります。蟻やバッタになったつもりで視点を工夫したり、フレームを動かしたりしながら興味のあるものに注目します。

2　アクリル板に張られたビニールに、安曇野の景色をマーカーでなぞります。なぞる行為は、あらためて風景に注目することを促し、形や色を再認識することに繋がります。

3　班ごとにお宅を訪問します。2と同じ方法で家の窓から見える風景を描き、家の人から安曇野の暮らしや山のことなど、話を聞きます。

1

1　さまざまな形のフレームを通して眺める。いつもの見慣れた風景がいつもと違って見える不思議

2-3　透明なアクリル板に張ったビニールの上に安曇野の風景を写し取る。山の稜線、夏に茂った草のとりとめもない形

4　安曇野の色を絵の具で再現します。山や木々、葉っぱ、木の実など普段なにげなく見ているものを再現することで、安曇野の色を肌で感じとることができます。

二日目　松川村の風景を立体的に再現

雨の予報があり、当初予定していた安曇野ちひろ美術館中庭での作業を、少し離れた南部会館の室内に変更しました。安曇野では雨に悩まされることがたびたびありました。場所の変更を決断することは難しいことですが、これまでの経験もあり、早い段階での決断とプログラムの修正が行われました。雨はほとんど降らなかったのですが、このような瞬時の判断と頭の切り替えも必要なことです。

1　予定されていたお宅訪問を取り止め、会場での制作に集中することになりました。

2　一日目に描いた風景をもとに、班ごとに共同して立体的な安曇野の風景を再現します。平面から立体への変換は易しいことではありませんが、田んぼをひろげる、ロープを電線に見立て奥行をつくる、さまざまな立体物を組み合わせ、予想以上の工夫が見られました。いつも見ている風景が頭の中によみがえり、いつもの空間として再現されます。

一日目の「風景の写し取り」もイメージをつくり出す上で効果的で

2

3

す。目の前にひろがる三次元の風景を透明なビニール上に二次元の線に置き換え、再び三次元の空間に仕立てるというプロセスが想像力を膨らませたのでしょう。透明なビニールに写し取った風景は、見たまま、あるいは見える状態を線として取り出せます。平面的な線であっても、それらの線は、山の稜線や木の形、家の形状、田んぼや畑のひろがりと稲、草木として認識できるのです。また、シンプルな線は余分な情報を排除します。安曇野の色を絵の具で再現（一日目）したことも二日目の安曇野の風景再現に繋がる準備となり、想像と創造の引き出しを増やしたようです。その結果、みんながさまざまな発想を語り共有し、思い思いの創造的な安曇野の風景が再現されました。

3 作品と一緒に仲間の写真を撮ります。

4 安曇野の風景から感じたこと、訪問したお宅で聞いた話から感じたことを班ごとに手紙にします。

5 それぞれの作品を見て回り、発表します。同じような風景であっても、どこに注目するかでつくり方が変わります。さまざまな素材は、どのように見立てるかで見え方が変わります。田んぼや畑などはそのいい例で、質感も色合いも感じとり方で異なるものです。

芸術文化学科四年生三名、三年生三名、一年生八名、教員四名が参加。

4

4 緑色の毛糸が葉っぱに。平面のディテールにこだわって松川村の風景を再現。身近にある素材で畑や田んぼを表す

5 ロープを電線に見立てて奥行を出し、手前から順に畑、田んぼ、民家、川があって、山があって、空がある。空には綿でつくった雲が浮かぶ

5

安曇野のよさを再発見する

「安曇野のよさを再発見する」という地元からの問題提起は初心に返る契機になり、それぞれがあらためて安曇野を見つめ直すことになりました。この時点ですべての問題点が解決したわけではありませんが、新たな段階に進むための第一歩となったのです。松川村グリーンツーリズム推進協議会の会長として、ワークショップに参加する学生たちを厳しく優しく見守ってきた勝野さんのコメントは、そのことを物語るものです。

私が学んだW・S／ワークショップ

勝野 恒雄

「すべき…」「しなくてはいけない…」という今までの学習から――学習者は誰？ わたくしたちである。

W・Sには

- 先生とか、指導者はいない
- はじめからこうだという答えなどない
- みんなが参加し、造り出していくんだ
- 体験や交流を大事にしたい

安曇野松川村の秋。
2002年の第1回安曇野アートライン・サマースクールから回を重ね、松川村独自の文化と地域性を反映したワークショップへと、活動は続く

そうした要素を色濃くしたものにしたい、との願いをベースに進められた――と受け取りました。W・S本来の姿であり、このサマースクールが始まった時からのことであったが、諸事情から充分でなく、齟齬のあったことも否めない事実であり、そのことも理解しています。

「新しい酒は、新しい皮袋に盛れ」という諺があります。大事にしたい理念です。

ところで、民家の窓から安曇野の景色を、という発想は「なるほど」と思いました。自然をいろいろの角度〈時間帯、高低差、山川、そして〈生活の諸相〉なども含めた体験〉で感性・感覚を養って、表現活動に結びつけ生かしていくことは大事だと思いました。

オープニング、景色体操が、安曇野ちひろ美術館の芝生の庭で行われた。グループごとに輪になって、腰をおろしたり、体操したりのことであるが、輪になる、腰をおろす、このことが大事なことであり、

・お互いに知り合い、意思の疎通を図る
・これからの活動の概要を知る
・協働への心組み

などの要素を持っている。大事にしたい場面であったと思うが、参加者の中に流れ星のような行動をとる子どものことが気になったが、

配慮が必要か?

フレームで景色を見て、「ちひろの庭」を窓にしたアクリル板に油性マジックでなぞり、写し取っていく段階での参加者は「自分が再発見した安曇野」を表現できる喜び、不安や協働していく楽しさや大切さなど、いろいろのことを感じとっていたようでした。

しかし、残念でしたが、用事で以後は退席しコメントできませんが、スケジュールの一日目はお宅訪問――安曇野の再発見、二日目は景色づくり――撮影会――お宅訪問――発表会と流れて、素晴らしい、期待していたようなW・Sになったと推測しています。反省会の折り、皆さん少し疲れていたようでしたが、満足感、自信でもあったように見受けられましたが、如何でしたか。

おわりに「私の願いと課題」を。

美大生が七月の末に松川村に来る。あわただしくさっと過ぎる、ちょうど竹藪に風が吹き、竹の葉はさらさら音を立てるが、根本は余り変わらない、なにかをやっているというだけでなく、確かな学習であってほしい。「アートで村が……」というようになってほしい。武蔵野美大生が来るようになって、村民のものの見方、考え方が少しずつ変わった。

そんな動き、W・Sであってほしいナ、とも思ってもいます。

成長するワークショップと学生たち

この年は、四年間かかわってきた学生をはじめ、継続して参加してきた学生が六名いました。それぞれ抱えている課題は同じではないにしても、この三年間、ワークショップに一定の方向性をつくってきました。個人個人振り返れば、天候のことを含め「…たら」「…れば」という思いはあったでしょう。しかし「ワークショップは筋書きのない即興の空間（三田）」であり、予定調和などあり得ません。状況判断、全体の空気を常に感じられるように目を向けること、意識することがいかに重要かということです。

しかし、頭で理解することと現実は違います。「あからさまに直接的に自分たちの企画に戻そうというところが、自分の中にあるような気がした（中野）」と述懐しているように、プログラムを問題なく進行しなければ、という気持はいつも重くのしかかってきます。柔軟に対応することはそれほど難しいことです。それでも何が起こるかを予測することなどできない生きた場所であることを意識し続けなければならないのです。「私たちが強制的に認識へ導くものではなく、ワークショップを通して子どもたちが自主的に気づくもの（森）」であり、「ワークショップは企画者が動かしているものであり、参加者が動かしているものでもある（赤松）」からです。ワークショップは、自分自身にとってどうだったのかを問いかけることに意義があり、完璧

などあり得ません。しかし、続けることで具体的に課題を見つめ、問題の解決のために自分自身と、そしてワークショップという対象と向き合うことになります。

芸術文化学科が目指してきたワークショップは、たとえ造形物をつくる場合でも、学生たちの主体性を尊重し、出来栄え以上にその場で展開されるプロセスを大切にしてきました。しかし、完成度を重視しないとはいえ、参加者や企画者が、成果や結果に対する達成感と満足感を感じることが重要です。安曇野ちひろ美術館でも子どもを対象にしたワークショップを定期的に開催しています。美術館からは、造形に対する学生の姿勢や質が問われました。

地域活動とワークショップが抱える問題
立場の違いを超えて継続する

松川村役場、松川村グリーンツーリズム推進協議会、安曇野ちひろ美術館、芸術文化学科の、四者による意見交換は翌年も行われ、それぞれが抱えていた疑問や問題点をさらに明らかにすることが試みられました。一つの結論に達することはなくても、立場の違いを自覚することで補い合い支え合う姿勢が生まれ、共通の目的に近づけるのです。答えがすぐに出なくても、将来に向けて継続することの必要性を確認できました。

地域における芸術文化活動が抱える問題は、自治体、事業体、住民、大学、作家に微妙な認識のズレ、視点のズレが生じることです。立場の違いから生じる認識のズレ、これはある意味当然のことです。問題なのは、微妙な認識のズレ、視点のズレがあるにもかかわらず、それを明らかにしないこと、要因を直視しないことです。地域活動では、価値観の相違を認識し、多様な評価軸を持つことも大切です。子どもを対象にするワークショップではなおさらです。置かれた立場からの視点、主張も当然ですが、それぞれが同じ住民であり、一人の人間なのだと自覚したとき、視点も変わり相互補完の関係が生まれます。多様な視点から生まれる活動は、企画の柔軟さと新たな可能性をひろげます。そのために話し合いを重ねていくことが重要で、継続することの意義もそこから生まれるのです。

第七回 安曇野アートライン・サマースクール
「みんなで見上げよう、今日だけの空」
二〇〇八年八月九日、一〇日　松川村公民館

この年は、はじめて公民館（西原公民館）で宿泊することになりました。美術館の柳川さん、大滝さん、松川村公民館の奥原さんも西原公民館で寝食を共にすることになり、それぞれが立場や仕事を越えて二日間を過ごしたのです。これまでなかった新たな展開です。それぞれが、お互いの距離を縮めようとしていたのです。それは全体として見ればわずかな変化かもしれません。けれど継続して参加した二年生にとっては大きな変化として映り、これまでの経緯を見てきた四年生には、続けてきたことの意義をあらためて感じとる出来事でした。

内容は、「今、ここを感じたい」「地域と繋がりたい」「空を見上げる気持ちよさを感じたい」をコンセプトに、村の人たち、訪ねた家の人たちと会話をし「顔」を描きます。集めた「顔」を一・一×一二メートルの布、一〇枚に貼りつけ、大勢の「顔」を繋げて作品にします。最後は布を三つの山、有明山、雨引山、城山に見立て、広場にある高さ約五メートルのステージに吊り下げ、みんなで見上げようというものです。

芸術文化学科四年生三名、二年生三名、一年生六名、卒業生四名、教員三名、教務補助一名が参加。

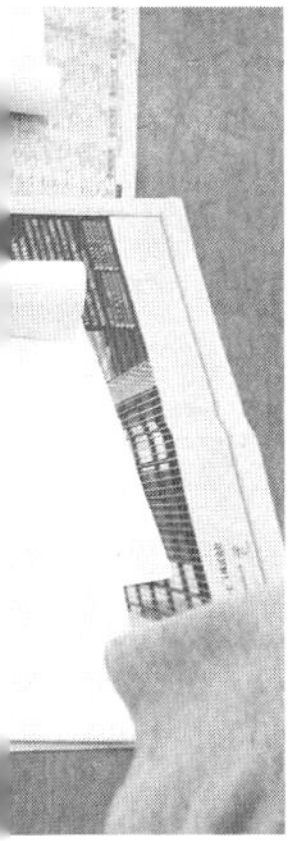

1

1　家をたずね、いろいろな話を聞き、質問をして「顔」を描く

4

2

3

5

事前の準備はなんのため？

ワークショップ後のレポートに学生たちの多くが「人と人の繋がり」を挙げました。はじめて参加した学生にとっても、このワークショップに人の力、存在を強く感じたのでしょう。「多くの人が協力し合うことでできている（阿部）」「安曇野に引き込まれていく自分を感じていた」「〈繋がり〉は自然に確かな実感に変わっていった（高梨）」。おそらくほとんどの学生が同じように受けとめたはずです。

現場では、言葉として理解していてもそれだけでは何も進みません。ワークショップが始まるその瞬間、その場に積極的に入っていくことが求められ、全身体を使い参加者とかかわらなければ動き出さないのです。ワークショップの場は、参加者に何かをしてもらうための場所ではなく、ましてや自分たちが演じる場所ではありません。どれほど完璧な準備をし、時間の計画を立てても、それは生きた場所であり、ほとんどの場合はじめて出会う者どうし、何が起こるかを予測することなどできません。事前の準備は大きな流れを把握し、さまざまな状況を想定し対応するためです。意図どおりに進行することが目的ではなく、事前の準備が十分であれば、自分たちが何をしているのか実感できます。そして参加者は「やらされている」のではなく、主体的に身体を動かしていると感じとれるのです。

2　公民館ではグリーンツーリズムの勝野さんが絵入りパネルを持参し、松川村の食や流通といった、暮らしの歴史を教えてくれる
3　話を聞いたあと「勝野さんの顔」を描く
4　幅1.1メートル、長さ12メートルの白い布にみんなが描いた顔を貼りつける
5　有明山、雨引山、城山に見立て、布を5メートルの高さのステージに吊り下げ、みんなで見上げる

子どもに伝える「言葉」

次のような反省の言葉もありました。「気づけば、具体的な行為の指示やワークショップの目的や工程ばかり話していました。そうすることで、子どもたちから生まれ出る作品のよさを私たちがつぶしてしまったのではないか（志賀）」。

具体的に言うと、子どもたちがお互いに相手の顔を描く場面のことです。割りばしに墨汁をつけて描く方法です。はじめて体験する子どもも多く、紙の上に表れる線は太さの違いやかすれなど、独特の表情を持ちます。線描に夢中になる子どももたくさんいました。それでも時間がくれば次の作業に移ります。墨汁の線描画に色を重ねるのですが、色が重なるにつれ先ほどの墨汁の線が隠れていきます。では墨汁の線は何だったのか。線描に夢中になっていた時間の行為にどんな意図があったのか。

ここから二つのことが見えてきます。一つはタイムスケジュールと時間帯ごとの作業を意識しすぎることで、子どもたちに対する言葉が作業の説明と促しに陥るということ。もう一つは、割りばしに墨汁をつけて描く方法を学生自ら楽しみ、線描の魅力を感じとり伝える心構えができていたか、ということです。事前に何度もシミュレーションを行っています。しかし、優先していたのはじつはシナリオに沿った流れだったという気づきです。

表現する行為を「考え抜いておく」こと。ここを疎かにすると子どもに伝える「言葉」が出てこないのです。参加者にとっても、企画者にとっても、今、何をしているかを共有していなければ、「やってる」「こなしている」になります。

やりっぱなしで終わるのではなく、体験したことをそれぞれが振り返り、それを仲間と分かち合い、自由に感想を述べ、意見を交換することで学んだことを深め、また問題点を明らかにしていくことが大切です。それが継続性であり、次のステップを高めていくことになります。「よかった」「面白かった」だけでは継続も発展性もないのです。

第八回　安曇野まつかわサマースクール（註4）は「畑に集まれ！　お野菜たんけん　始まるよ」と題して二〇〇九年八月八日、九日に開催しました。松川村の野菜と農業に焦点をあて、みんなで大きな野菜をつくって発表します。参加者は畑に足を運び、農家の方から野菜のこと、農業のことについて話を聞き、理解を深め交流します。参加者にとっても学生にとっても、野菜を新たな視点から見つめる機会になりました。芸術文化学科三年生一名、二年生一名、一年生六名、卒業生三名、教員一名、教務補助一名が参加。

また、第九回　安曇野まつかわサマースクールは「ギャオーン！ぼくらのあずみのモンスター！！！」と題して二〇一〇年七月三一日、八月一日に開

註4
二〇〇七年に実行委員会ができたことで、サマースクールの名称が安曇野まつかわサマースクールに変わり、会場も安曇野ちひろ美術館からすずの音ホールに変わった。

催。大人と子どもの枠を超えた、世代交流を意図したワークショップです。お宅や施設を訪問し「あずみのモンスター」を制作するための素材を集めます。素材は使わなくなったものなどさまざまですが、思い出など話を聞き出すことが、モンスターづくりに繋がります。完成したモンスターは芝生の広場に展示し、それぞれ紹介し交流を深めます。最後に「モンスター図鑑」をつくって完成です。芸術文化学科四年生一名、三年生二名、二年生一名、一年生二名、卒業生六名、教員一名、教務補助一名が参加。

地域の文化と歴史を知ること——ワークショップの展開点

旧米蔵の活用

二〇一〇年、安曇野での活動は紆余曲折を経て九年目を迎え、考え方や取り組み方の違いも明らかになり、さらなる地域へのひろがりを模索する必要に迫られていました。松川村での活動が長いとはいえ、村の歴史や地域の特性を十分理解していたとはいえず、見てきたこと、聞いてきたことも、知っていると思っているだけで表面的なものだったのではないか、そんな思いもありました。都市部と地方では日常の生活も人とのかかわり方も異なります。あらためて、松川村について深く知っていかなければ次に繋がらないと考えていた頃、旧農協倉庫の存在を知りました。七〇年前に建てられ米を貯蔵するために使われていた米蔵で、すでに米蔵としては使用されず倉庫として使われていたのですが、耐震性や耐久性、今後の使用を巡って存続させるか、取り壊すか意見が分かれ、取り壊すための予算が翌年に向けて計上されていました。それでもなお存続を求める声も強く、二〇一〇年の春に存続と使用法について相談を受けたのです。

旧米蔵は、生活文化の蓄積と創造拠点になりうる場所としてたいへん魅力的でした。地域の農業、生活と密接に繋がってきた数少ない古い建物であり、七〇年の時を刻んできた米蔵には、たくさんの人たちの記憶や思いがつまっています。歴史や思い出を語る場所としてこれほど適した空間はない、倉庫を案内されたとき強く感じました。幸い倉庫には、松川村の農業を支えてきた農具や民具・生活品が残されていました。大半は八〇年代の家の建て替えに伴い運び込まれたらしく、実際に使用されてきた「もの」は、建物の空間とともに人々の記憶をよみがえらせ、思い出や出来事を繋ぎ、時と空間を紡ぎ過去と現在を結んでくれるものでした。

農具など農業と関連あるものが多くを占め、使われた年代や用途などの表示が、教育委員会や勝野さんら保存グループによって進められ、壁面や床に配置されていました。展示備品などはいっさいなく、素朴な展示ながら、農具や民具から暮らしや人の気配を感じる空間といえます。

どの地域にもある郷土資料館が陥りがちな、ただ展示するだけの空間では鑑賞や確認で終わってしまうでしょう。旧米蔵は十分活用されているとはいえないものの、この場所を松川村の記憶の伝承と現在の生活、特に小中学生を中心に生活文化を学び合う生きた交流の場にできないだろうか、と考えました。

みんなでつくりあげていく動的で成長し続ける空間にする、地域固有の生活文化を実感しながら学び合える場、次代を担う子どもたちの育成はもちろん、住民の生涯教育の場としても機能させることができる場にしたい。これが最初のコンセプトです。そして一二月に具体的な提案を行うことになりました(註5)。

松川村の歴史を知る

旧米蔵の活用を契機に、松川村の農業と歴史をさらに知ることが必須のこととなり、二〇一〇年八月、勝野さんから旧米蔵と松川村の歴史について、約九〇分話を聞きました。内容の要点は以下のようなものでした(註6)。

註5
二〇一〇年一二月一日、松川村副村長、村議会全議員、教育長、総務部長ほか職員二一名と武蔵美から四人が参加し検討会を行った。

註6
二〇一〇年八月一七日、一〇時～
場所：安曇野ちひろ美術館
参加者：勝野恒彦、竹迫祐子、阿部恵、柳川あずさ、今井良朗、瓦井秀和、北澤智豊

旧米蔵について

- 米蔵は各村の駅や道などの交通の要所にできた。
- 昭和一五年にできた米蔵は、収穫された米を各農家からまとめて「蓄える」ために建てられ、自治体ではなく農民が合資して農協主導で建てられた。
- 現代では天日乾燥から人工乾燥に移るなど、米蔵から近代的な食料倉庫に変わり、利用されなくなった。

・一九八〇年代後半から九〇年代のはじめ、好景気に伴い、松川村の多くの農家が家を建て替えており、現在では旧来よりあった本棟造りのような古民家が少なくなった。米蔵を残すかどうかという議論は以前から行われ、建物としての価値については、秋田の土蔵造りの蔵を見学して研究した。秋田の蔵と比べて、松川村の米蔵は建物そのものに価値があるのか、残すとしたらどのような価値があるのか。

・農家の家の建て替えにより出てきた農具、民具、生活品など民俗資料を残す方向で検討し、収蔵場所として米蔵を挙げた。米蔵は秋田のものと質が違うが価値がないわけではない。

・蔵内にある民俗資料は、平成の初頭から松川村の歴史民俗資料の収集を行い、各農家から農具などの民具を集めたもの。

・松川村には縄文時代からの歴史があり、古い地層から縄文時代、弥生時代の土器など多く出土し、また祖父《じい》が塚《つか》古墳などから古墳時代の用具などが発掘されている。それら遺物の保管場所としても米蔵が使われている。ただし、重要なものは別の場所に保管している。

・以前は安曇野ちひろ美術館の作品を一部保管していたこともある。

松川村について

・松川村は米作と林業が盛んな村であり、米作は古くより続いている。

- 稲作は山側の扇状地の端で古来より行われてきた。開墾が進むにつれて水田がひろがってきた。特に戦中戦後は国策としての食料増産のため、治水工事が進み河川沿岸の地域にも水田がひろがるようになり、農家の次男三男や帰還兵などによって開拓が進み、現在の松川村の景観が形成された。
- 稲作が中心産業になるのは近代に入ってのことであり、それ以前は養蚕や林業など、バランスよく行っていた。現代では単一的になったともいえる。
- 古くより、有明山などでの山岳信仰が中心となり、有明山社がつくられている。有明山は安曇野の象徴。
- 六～七世紀北九州より安曇族が入ってきて朝廷の支配圏に入り、松川村から「麻布」「魚の乾物」などを都に寄進した記録が残されている。
- 平安時代以降、仁科氏（阿部氏の系統）が荘園を支配するようになり、京都の文化が流入する。また、一二世紀には西行法師が訪れたという言い伝えもある。
- 戦国時代に入ると武田の支配下になり、戦場と化した。
- 江戸時代に入り小笠原氏の直轄領、松平家の直轄領、幕府の天領など、所属は変わったが「松川組」として安定した村組織を形成する。

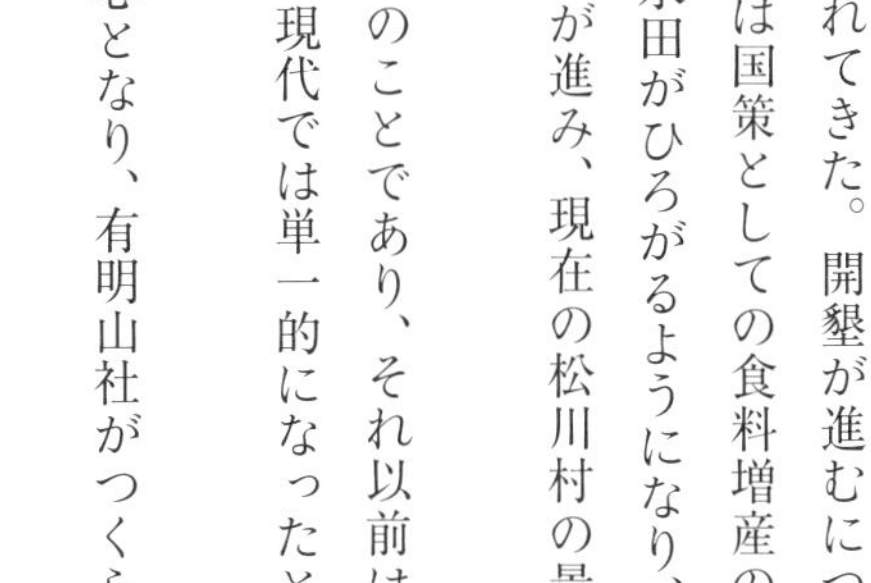
有明山の麓に建つ有明山社

・明治時代に入ると、排仏毀釈で寺が潰されてしまうが、観松院に残る銅造菩薩半跏像は、祖父が塚古墳とほぼ同時期の七～八世紀頃につくられたものと推定された長野県下最古の仏像であり、昭和五七年に国の重要文化財に指定された。また、日本の近代化に伴い開墾が一層進むことになる。
・松本藩が幕府側であったため、廃藩置県後はその反動として政府側の意向を強く意識するようになった。

勝野さんは、旧米蔵を松川村の農業の歴史と村の記憶の象徴として残すことを望み、農具、民具、生活品など民俗資料を残す新たな場になることを期待し、旧米蔵に求めることとして次のような点を挙げました。

・囲炉裏を囲んで語り合うことができたように、心の拠り所となる場所。
・人々の祈りや願いが、繋がっていく場所であってほしい。
・住民がメリットを理解し、享受できること。

話を聞いたあと、観松院など重要な場所のいくつかをあらためて訪ねました。私たちは特定の地域を狭い範囲から捉えがちです。しかし松川村がそうであるように、どんな地域であっても、長い歴史の中には、民族の大きな移動や支配者の変化による他地域からの文化の流入、主要な産業の変化があることを知ることができます。

たとえば、安曇野の正月のお雑煮はブリ雑煮です。ブリ雑煮は北九州に今も伝わるお雑煮として知られています。当初、海に面していない山間部でなぜブリなのか、松川村のブリ雑煮が腑に落ちず不思議でした。しかし、六～七世紀に北九州より安曇族が入ってきたことも由来するとわかり腑に落ちました。

地域の食文化は流動性と固有性を合わせ持つのです。松川村では生活改善グループが行事食や伝統的な食文化の継承に力を入れていました。松川村の記憶、食文化が新たなひろがりをつくり出せるのではないか、じつは、ここから二〇一一年、二〇一二年の〈松川村生活改善グループ連絡協議会〉の協力による食をテーマにしたワークショップへと繋がっていったのです。

第一〇回 安曇野まつかわサマースクール
「めぐるぐるぐるおいしい記憶」
二〇一一年七月三〇日、三一日　すずの音ホール

一〇年目を迎え、着実に地元の人たちとの距離が縮まってきていました。課題がまだまだあることは確かですが、かかわる学生が替わっても安曇野

松川村で何をやろうとしてきたかが受け継がれています。一〇回目のサマースクールで、卒業生有志による企画が実施されたこともその現れです。〈松川村生活改善グループ連絡協議会〉（以下生活改善グループ）との連携もこれまで以上に深まり、共同ワークショップの具体的な形が見えてきました。学生たちも旧米蔵のこと、地域と記憶を意識した企画を進め、「昔の人から今（これから）の人へ」「人から人へとつながっていくバトンとは、わたしたちが伝えたいこと」「自分が旅すること＝別のところから自分自身を眺めること＝再発見、それが、昔の人から今の人へというバトンにつながっていく」と、六月のメモに記しています。ここから、「ごはんや食卓の記憶・食の始まりに注目すれば、農業や林業、その地域の生活習慣に触れることができる」という、「食」のテーマが生まれました。

松川村の農作物や郷土食を通して食の始まりを知り、地域のおいしい記憶を感じようという企画です。

一日目　めぐるぐるぐるおいしい記憶

1　グループに分かれてウオーミングアップ。写真や絵の入った郷土食カードを使ったゲーム「松川村のごはんってどんなごはん?」でコミュニケーションを深めます。これは何?どんな味?の問いに、改善グルー

1

プの人たちが答え、昔の食生活や料理について話します。

1　紙芝居で伝統的な郷土料理など松川村ならではの食の歴史を知る

2 タイムスリップ。松川村の昭和三〇年代にタイムスリップ。グループを当時の家族に見立て、父親、母親、子どもたちなどの役を決めます。

3 家族で家をつくる。表札をつくり家族の名前を入れて、食卓を整えます。

4 野菜やお米のことを知ろう・野菜の収穫。クイズ形式で野菜の知識を深めます。ボックスに入っている野菜（野菜型のカード）を触って、野菜の名前を答えます。合っていれば野菜カードをもらい家に持ち帰ります。

5 家族でご飯づくり。郷土食カード、野菜カードをもとに家族で話し合います。お祭りのときや正月の料理など、昔と今、地域の違いなどを振り返り、つくる料理を決めます。お正月料理なら、生活改善グループの人たちの話を聞きながら、それぞれ分担して絵にしていきます。

6 お隣さん、ご近所を訪問。ほかの家ではどんなご飯をつくっているのか、訪ねて聞いてみます。

7 家族の団欒。つくった料理を囲んで昔のこと、今のことを話し合います。地域や世代によって、微妙に異なるつくり方や味つけなど、地元の人や子どもにとっても新しい発見もありました。学生たちにとっては、地域色豊かな料理は新鮮な驚きです。話してみる、つくってみることで、それぞれに記憶がよみがえるのです。

2

5

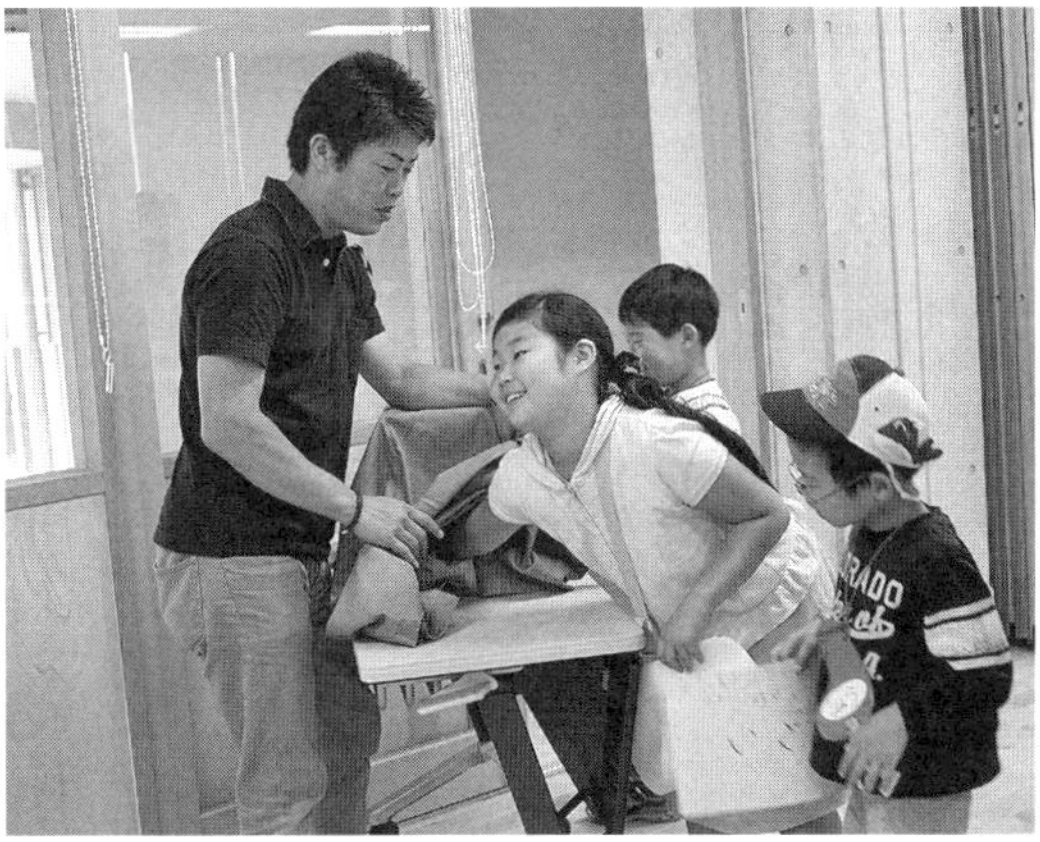

3

6

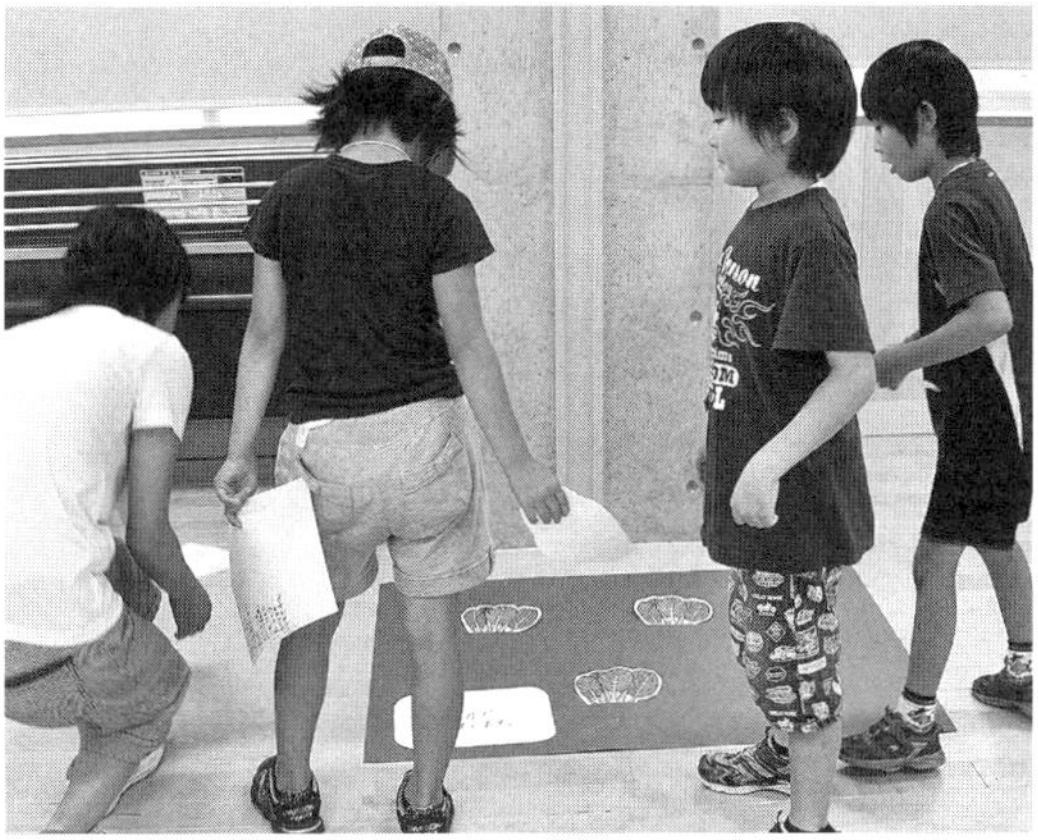

4

2　間取り、表札、みんなの名前。「家族」の約束事を決めて、料理のことも相談
3　野菜のカードを触って名前を当てれば欲しい食材が手に入る
4　たとえば、かぼちゃ団子をつくるなら、かぼちゃは欲しい
5　持って帰った食材カードで献立を考える
6　行事食や郷土料理の知識は、「おばあちゃん」役の生活改善グループの人が教えてくれる

7

7　「もろこし家」の食卓が完成。食卓の右には料理に使った食材

二日目　松川の　よいとこあふれる五七五（卒業生有志による企画）

一〇年目を記念して、武蔵野美術大学芸術文化学科卒業生有志六人がワークショップを行いました。春から仕事帰りに限られた時間を使って進めていた企画です。学生のときからかかわり、卒業後も夏の休暇をとってたびたび後輩たちの様子を見にきていました。「毎年訪れるたびに新しい発見があり、私たちにとって松川村は故郷のような場所です」と企画にあたっての想いを記しています。

コンセプトは、安曇野の魅力である「音」「色」「景色」を体験、体感し、そこで感じたこと、見えたものを五七五の言葉にし、最後に自分宛の手紙として送るというものです。

1　ウオーミングアップ。参加者の一人（仮にA）が、袋に入った一〇個の石から一つ選ぶ。選んだ石の感触を言葉で他の参加者に伝える。参加者はAに質問し、言葉からその石を想像し、Aは袋に戻す。この行為を交代して繰り返し最後に袋から一〇個の石を出し、これまで聞いた言葉を手がかりに、どの言葉がどの石を指していたのかを当てます。

2　木を五七五で表現する。あらかじめ選んだ木を観察し、赤グループは上の句五文字、緑グループは中の句七文字、青グループは下の句五文字で表す。それぞれ組み合わせ五七五の言葉にして詠みます。

3　松川村体感。お宅訪問で松川村のいいところを見つける。「音」「色」「景色」をテーマに、訪問先で話したこと、そこの場所で感じたことを五七五の言葉で表します。

4　五七五づくり。すずの音ホールに戻り、五七五をはがきサイズの紙に書き、絵を描いたり彩色したりして完成させます。

5　エンディング。グループごとに展示し、観賞しながら話し合い、最後に封筒に入れてポストに投函します。

大学院芸術文化政策コース一年生二名、芸術文化学科四年生一名、二年生三名、一年生一名、卒業生六名、教員二名、助手一名が参加。

「食」をテーマに、世代を超えた取り組み

この年は、「食」をテーマにすることで、また新たな可能性を見いだすことになりました。生きること、生活すること、文化を考える上で、地域に伝わる「食」はわかりやすく、地元の食文化や行事にかかわる「食」を記録としても残したいという地元の強い思いも重なりました。地元の住民が主役になってワークショップを行うよい機会にもなったのです。世代を超えた交流、大

学、役場、美術館、住民の役割が見えるようにしたいとの思いはずっとみんなが描いてきたもので、その点からみれば、新たな発見や成果がありました。

学生の言葉をいくつか紹介しましょう。「松川村にこんな行事食があったのか、と気づくだけで、深く踏み込んでいくことができなかった」「なるほど面白い、と納得しても、勉強会のようになってしまう」「根本にある大切なことを伝える、考えさせるというワークショップまでたどりつくのが理想」。多くの学生が心境を語るように、すべてがうまくいったわけではありません。地元の食の文化を子どもたちに伝えたいという意図が十分反映しきれなかったという反省はありました。

地元の食文化や行事食を伝えるための活動を実践している生活改善グループの協力を得ることができたのですが、頼り過ぎてしまったことも一因でした。「食」に対する知識に大きな開きがあることは当然ですが、事前にもう少し安曇野の食文化を調べておくべきでした。話を聞く側になってしまっては共同になりません。

その上で「松川村の食文化」をどう位置づけるか。学生たちの出身地もさまざまであり、それを生かして地域ごとに異なる食文化を意識するのか、あるいは松川の食文化を共有して食についてみんなで考えるのか、そうした事前の議論が必要でした。積極的に地域に溶け込んでいくこと、能動的に知ることが求められるのです。それはどのような方法によって可能なのか考えなければなりません。いずれにしても、「食」に関するテーマが、松川村にとっても学生にとっても今後の大きなテーマになり得ることが共有されたのです。

第一一回 安曇野まつかわサマースクール
「めくるめく！安曇野カルタであ・い・う・え・お」
二〇一二年八月三日　すずの音ホール

前年に引き続き「地域と記憶」「食」を基本コンセプトに、生活改善グループとの連携をさらに深めていくことになりました。学生たちは、人と人の繋がりや思いやりが地域に根づいていることに着目し、「食のあたたかさを伝える」をテーマに、「食」にまつわる言葉をカルタに込める企画を立てました。

松川村すずの音ホールの周辺に読み札のカルタを着たカカシを立て、そこに書かれた言葉から絵札を制作する趣向です。ワークショップのオープニングで会場がいきなり暗くなり、舞台に不思議な動きをするカカシが登場します。カカシは読み札カルタを着ていて、絵のついた取り札を探しているという想定です。

1　散策。読み札カルタを着たカカシは、松川村の数か所にあります。四グループに分かれ、カカシ地図を手がかりにみんなで探しに出かけます。それぞれのグループには、生活改善グループの人たちがつき、松川村の案内とカカシに書かれた言葉について話をします。カルタには、「相談

1

1　ワークショップのオープニング。舞台にカカシが登場。舞台袖で学生がワークショップの流れを説明し、カカシがパントマイムで流れを演じる

しよう　種まきじいさん　今年の田植えはいつにする」「ええっこ　ええっこ　おとなりどうし」「わくわく　お小昼　ひとやすみ」「かきまわしよく　くりまわしよく　楽にまんじゅ暮らせるように」など、松川村の農業や食に関する言葉が書いてあります。たとえば、「ええっこ」は農作業などをお互いに助け合うことを言い、「お小昼」は農作業の合間に食べるおやつです。

2 昼食。生活改善グループの人たちがつくったおむすびと、七夕まんじゅうや塩まるいかの酢のもの、氷餅、採れたての野菜などを楽しみます。

3 スケッチ。持ち帰った読み札カカシの言葉をもとに、絵札にするためのスケッチです。みんなで話し合いながらイメージを膨らませます。

4 絵札のカルタづくり。スケッチを見ながら一人ひとりが着る絵札づくりです。着るカルタは、裂いた紙を水とボンドで糊状にして固め、子どもが着られるように袋状にし、頭と手が出るようにしてあります。子どもたちや参加者は思い思いに絵を描き、フェルトを貼りつけることもできます。でき上がった絵札カルタをみんなが被ります。着ることをある程度想定していても、いざ着てみると想像を超える意外性や驚きがあります。

5 カルタで遊ぶ。カルタ遊びは誰もが知っているだけに、自分がカルタに

2　地図を手に読み札カルタを着たカカシを探す。見つけたカカシの読み札は「相談しよう　種まきじいさん　今年の田植えはいつにする」「畑でおしごと　となりで冷えてる　乳川のすいか」など
3　生活改善グループのメンバーがつくってくれたお昼ごはん
4　絵札のスケッチ

2

3

4

なって動いてみると、そこには独特の空間が生まれます。遊び方は、カルタを取るグループと取られるグループに分かれ、取られるほうは全員ホールに寝っ転がります。カカシが着た読み札を学生が順番に読み上げます。取るグループは、いっせいに絵札を探します。この遊びをグループを変えて行い、より多くの絵札を取ったグループが勝ちです。

最後に記念写真を撮り、個々人がつくった大きなカルタは、後日小さなカルタになり参加者に送られました。

何のためにワークショップを行うのか、参加者に何を伝えたいのか、造形の喜びや楽しみをお互いに理解し分かち合えるか

この年のワークショップは、松川の「食」を知識として得るだけでなく、カルタ遊びを通して自然に感じとり、学び合えたことが成果だったといえるでしょう。「食」を通して「人」と「場」を繋ぐ、「場」が「人」を繋ぐ。その仕掛けとして「カルタ」「カカシ」「カルタ遊び」は有効でした。

「カルタ」は、道具、媒介物として会場の参加者やスタッフを繋ぎ、「カカシ」

5

6

5-6　スケッチをもとに絵札をつくる。着てみる

7-8　グループに分かれてカルタ遊び。絵札役の子どもたちは寝っ転がって取られるのを待つ

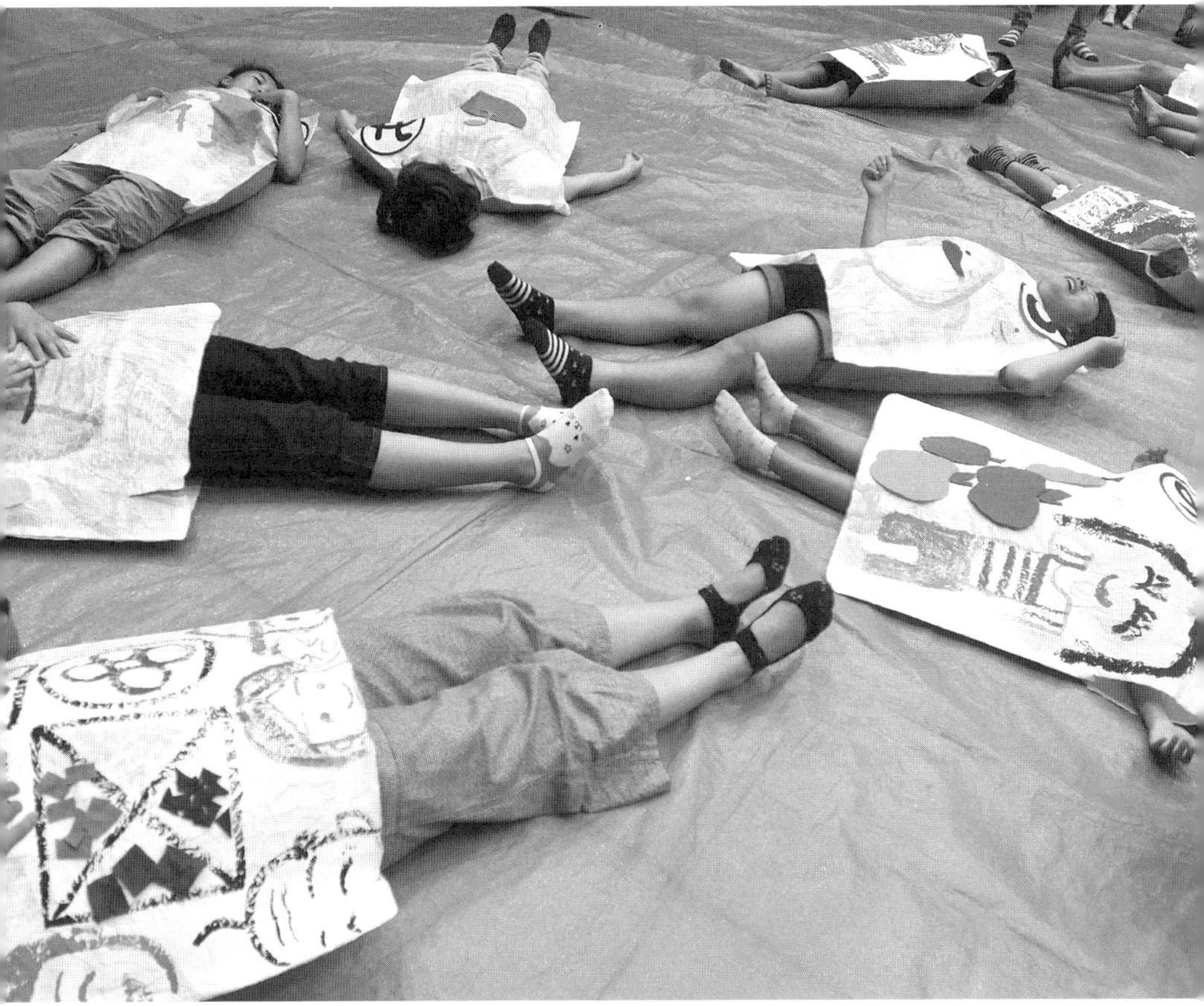

7

8

は、参加者に松川村の農業と食のメッセージを、村の人々にはサマースクールの活動を伝えてくれました。ホール内の展示、屋外での展示が村の人たちへのメッセージになったのです。参加者が精魂込めてつくった「カルタ」と「カカシ」が想いを伝えたのです。

学生たちのカルタの素材（子どもやカカシが着るための無地のもの）へのこだわりも並々ならぬものがありました。材料は紙を細かく裂いて水糊で固め成形、乾燥させ頭と手が出るように袋状にします。素材や道具に対するこだわりは、表現にそのまま反映します。ここに十分時間をかけたこともいい結果を生んだのでしょう。直前まで時間をかけてカルタの素材づくりをしていたのが印象的でした。

「何のためにワークショップを行うのか」「参加者に何を伝えたいのか」「造形の喜びや楽しみをお互いに理解し分かち合えるか」。テーマ、制作、場をつくること、そして楽しみ記憶に残すこと。参加者、生活改善グループ、学生たち、それぞれが完璧ではないにしろ納得し共有できたワークショップでした。

大学院芸術文化政策コース二年生四名、芸術文化学科四年生一名、三年生四名、教員三名、助手一名、教務補助一名が参加。

食と暮らしからみる芸術文化

食文化とアート、デザイン

衣食住は、人間が生活していく上で欠かせないが、中でも食は生命にかかわる。食生活とそこから生まれる食文化は、古代から人間が長いときを重ねてきた根源的な営みである。生きるために食べることでは、他の動物も同じだが、人間は農耕や狩猟のための道具をつくり出し、火を熾こし調理する工夫を知った。二足歩行による脳の発達がもたらした創意と知恵である。人間が「考えるサル」といわれる所以であろう。狩猟のためにつくられる石を加工した鏃や斧は、創意工夫から生まれた野獣と戦うための道具であるが、現在のデザインに通じるプロセスを持っている。形の美しさを求めたものではないが、鋭さの追求や、切ったり削ったりするための、使いやすさの探究と改良を重ねていく行為は、包丁やナイフなどのデザインと同様のものである。

道具は人の行為や目的と関係づけられている。その道具が何を生み出すか、どのような結果をもたらすか、発想から具体的な形体に至るプロセスで、さまざまな思考を働かせている。矢であれば、より遠くまで飛ばしたい、突き抜く力を高めたいと考える。それは創造行為であり、使用する過程と結果から修正も加えられていく。より望ましい道具に対する探究が発展形をつくり出してきた。同じ鏃や斧でも住まう土地の風土によって異なる。狩猟の対象となる獲物の大きさの違いや育てる植物によって形状も変わる。さらに、同じ道具でも個人や特定集団の所有であることを示し、他者のものと区別する必要に迫られることもある。色をつける、文様を施すなどはそのよい例だろう。

このように見ていくと、道具は人が生存していく上で、必然的に生まれるものであり、さまざまな行為と目的によって、古代から今日まで連綿と続いていることがわかる。そこにその土地の風土や時代がつくり出す様式と美意識が生まれていく。デザインが本来持つ機能である。

食べる行為にも知恵と工夫が生まれるが、そこには「楽しむ」「遊ぶ」という意識が働いている。生きるために食べるだけでなく、肉を焼き、食物を煮ることによって、さまざまな食べ方を知ることになり、味わい食べることの楽しみを覚え思考する。それは他の動物と異なる人間特有の精神作用であり、食べる行為と関連する箸や器、さらに明かりや空間などさまざまなところにまで及んでいく。

料理は、石や葉っぱの上に並べるより、器があれば自在に盛りつけができ、持ち運ぶこともできる。器も、大小の木をくり貫くなど工夫する。道具があれば、手で掴むより食べやすい。

狩猟や作物を育てることを超えたところに食文化が生まれていった。「楽しむ」「遊ぶ」意識は、個人の中だけではひろがらない日々の暮らしに変化を持たせ、家族や仲間との団欒が生活を豊かにしていった。食に対する意識は、集団社会での食習慣に繋がり、家族の団欒と集団社会の中で人と人を結ぶ大切な役割を担うようになる。食を媒介に会話を生み、労働と季節の変化に合わせて行事を考える。それは人が暮らしていくために自然や出来事、ものと人、人と人を結びつけることの意味、関係性の発見といえるものだろう。この過程を歴史的に振り返ってみると、アートやデザインは人々の生活の中で大切な役割を担ってきたことがわかる。

日本は、古来農業や林業、漁業を中核の産業として労働も暮らしも営まれてきた。食べること、生活観、暮らしの態度も自ずと、産業とその土地に住む自然観と深くかかわっている。労働は集団の相互扶助が欠かせないものであり、集団生活のために約束事を決め役割を分担する。血縁、地縁が集団社会を支えていた。行事や祭りは、一年の無事を願ったり、豊作を祝ったりするだけでなく、血縁、地縁を結ぶ仕組みとしても機能していたからである。

行事があれば親戚一同が揃い、一緒に食事をし祝うことは珍しいことではなく、宴のための食材や調理、器など調度品により一層の工夫が凝らされる。ある程度の人数になれば、器や酒器、お膳なども特別の設えが行われ、どうすれば料理を美味しく見せられるか、食事の時間を楽しく過ごせるかを考える。食事を楽しみ豊かにするためのデザインである。

さらに地域の祭りでは、踊りや笛、太鼓などの音も加わり、宴を盛り上げるための環境が意識される。食べるためのデザインは、演出のために、美術、音楽、演劇、照明とひろがっていく。それらには技術が伴い、篠笛や太鼓の技術に長けた人、書に卓越した人、空間づくりや演出が得意な人が現れる。これらの技術は継承され次世代に繋がっていく。生活の工夫と知恵がつくり出す食と暮らしのデザインの継承である。

技術が卓越すれば、それを職業にする人が生まれる。器を例にとると、はじめは木を適当に彫って素材を載せるだけでよかった。しかし、機能性を備えた美味しそうに見える器の探究は、よりきれいに木を削り加工する人や陶磁器を専門に扱う技術者を生む。舞や音楽もそうだろう。それが現在の職能に繋がっている。日本では工芸や芸能として扱われてきた分野である。

ところが、芸能や工芸、美術を「芸術」で一括りにしてしまうと、範囲もひろがり抽象的でわかりにくい。しかし、生活を楽しみ遊ぶための工夫の延長線上にあるのだと考えると見方も変わる。たとえば、技芸・伎芸は興味深い言葉である。「ギゲイ」は手偏と人偏二種類の漢字表記があり、表す意味が異なる。手偏の技芸は手業で、器をつくる、道具をつくるなど造形的な意味を持っている。それに対して人偏の伎芸は人が動く、人がかかわるものに分類され、芸能や音楽にあてはまる。手と人の所作が道具や技能を洗練させ継承してきた歴史があり、生きるために考え工夫しつくり上げてきた結果できた言葉である。それらは、その土地固有の風土や歴史と密接に結びついている。その土地に住むがゆえの自然観や生き方が風土を生かした暮らしを生み、地域の食文化を支えてきた。

人とものが動き、文化は伝えられ、つくられる

文化が形成されていく過程には、生活していくための生業、その地域の産業と密接に関係しているが、それぞれの地域に根を下ろしてきた食文化も、固有性と流動性を合わせ持っている。安曇野地方の年取り魚はブリで、正月の雑煮もブリを使う。海に面していない山間部でブリ雑煮は珍しいが、六～七世紀に北九州から安曇族が入ってきた伝承を考えれば不思議なことではない。同じ長野県内でも長野市の年取り魚はサケで、松本市や安曇野地方はブリである。海や川からの流通経路と、時代によって領主が替わり移動してくることも無縁ではない。

安曇野松川村も例外ではなく、六～七世紀は北九州から安曇族が入り朝廷の支配圏にあり、平安時代以降は仁科氏が荘園を支配するようになり、京都の文化が流入したという。その後も武田氏、江戸時代は小笠原家や松平家の直轄領、幕府の天領として、村の集団組織が形成されてきた。領主の移動は、その土地固有の食や暮らしに少なからず影響を与え、行事や祭りに反映することもある。食文化をは

じめ、行事や祭りが各地方で共通性を持ったものが多いのも、人やものの流動が古くからあったからだろう。

文化の流動性は、人やものの流通形態も影響する。日本は海に囲まれた島国である。かつては海の水と川の水をいかに有効に使うかを工夫して考えてきた歴史がある。江戸時代から明治期までは、廻船による港から港を経由した輸送が盛んだった。東廻り航路は日本海沿岸の酒田港から江戸を結び、北前船は北海道と大坂（大阪）を結んでいた。海運を利用した物流だが、主要な港は大きな川と繋がり、内陸からの物資が港に集まった。北上川、最上川、信濃川、利根川、淀川などが主要な水路であり、明治期まではこの川と海が繋がった状態で物流が行われてきたのである。主要な積み荷は、米など農産物や海産物が占め、食糧も地産地消だけで賄われていたわけではない。地域の特産物や生活に欠かせない砂糖や塩も廻船によって運んでいた。その地域でしか採れないもの、その土地の材料から生まれる特産物や工芸品など、地域ごとに差異も生じる。差異や希少性は商いの対象となり、生産、流通が否応なしに活発になっていった。主要な港では廻船問屋が積み荷の売買、管理、仲介から相場情報の収集、提供を行うなど、重要な役割を果たしていた。

食糧だけでなく、銅や材木、工芸品も運ばれるが、注目すべきことは、現在と違い何か月もかけての船旅だったことである。そこには商人だけでなく、技術を持った職人などさまざまな役割を担う人たちも乗船していただろう。滞在先で過ごす時間も長い。商売のための情報交換、接待も行われた。船宿、旅館、料亭などが地域を越えた交流の場になり、自ずから、技術や情報、衣食住にかかわること、暮らしや遊びなどの文化も運ばれる。持ち出されるもの、持ち込まれるもの、融合するもの、結果として新たに生まれるものもある。

たとえば、北海道から大坂（大阪）堺港に運ばれた良質な昆布は、料亭料理に欠かせない昆布出汁の食材として珍重され、洗練された会席料理は上方から地方に伝搬していった。民謡や踊り、祭りも各地域に似たものがたくさんある。漁業と農業や林業に関するものが多いが、産業との関連など偶然だけではない。北海道や津軽で生まれた歌が、船乗りたちによって新潟に持ち込まれることもあり、船乗りたちが歌っている間に流布していくもの、その土地の歌と融合していくものもある。文化はその土地に固定されることなく流動していたのである（註7）。

一方、明治期までは主要な街道も文化の流動に重要な役割を果たしていた。海と川の水路が物流中心だとすれば、街道は人の移動が中心だった。たとえば伊勢参りは江戸から片道で一五日ほどかかったが、そこでもさまざまなものと文化の移動を見ることができる。伊勢から旅人が持ち帰る食材、衣装や用具類、伊勢神宮のお札や錦絵など。写真のない時代にお札や錦絵は伊勢参りの証明でもあった。しかし、何よりも約一か月間の見聞を旅人が語ること、伝えることが意味を持っていた。村を代表して伊勢参りに行くことも珍しいことではなく、伊勢や上方から得た情報や芸能をお土産として伝えることも重要だった。「人」がメディアとしてさまざまな情報を運んでいたのである。かつては港町や宿場町が今日でいうネットワークのハブになっていたことがよくわかる。

特定の地域のものだった工芸や芸能も、差異や希少性が評判になれば生産や流通に変化が起こり、さらに洗練され価値を高めていく。伝統工芸と呼ばれるものものこのような経過から普遍性を持ってきたものも多い。水路や街道はネットワークであり、人を介して食から生活にかかわるさまざまなものが流動し、それぞれの地域に伝わるものを基盤にしながらも、その土地の風土に合わせて融合させていった。食から見ていくと、身近なところからひろがり、身近なところに戻る。全体として見れば日本の食文化という大きな枠組みがある一方、その土地固有の食文化と、暮らしを楽しむ芸能や工芸、美術がある。そこに宗教的な行事や集団社会の生産と生活を繋ぐ行事が暮らしを豊かなものにしてきた。かつての食文化や行事が決して狭い集団社会のものではなく、ものも情報も人も流動する柔軟な仕組みと繋がりを持っていたことになる。

しかし、海や川、街道が流通に重要な意味を持っていた時代に重視するものは水と道だったが、明治以降は鉄道の発達によって流通のルートが変わり、拠点になる場所や時間に対する考え方も変わっていった。そして何よりもそこにかかわる人の役割が変わった。街道は国道として整備され、その後、高速道路網ができていく。港町や宿場町はかつての繁栄を失い、主要な鉄道の駅周辺を中心に街が形成されていった。今では、駅前の風景はどこも同じように見える。自動車が主役になった国道沿いの風景はどこに行っても同じような建物と看板が目に入る。江戸時代から比べると圧倒的に流動性が高まり、短時間でものも人も移動する。しかも鉄道や道路の発達に加え、通信が発達したことによって、時間は縮まり、世界との距離も縮まった。人を媒介して移動していた情報も文化も、メディアによる媒介が中心になっていった。文化を運ぶのは新聞、雑誌、テレビなどマスメディアに取って代わり、生活を左右する日々の行動や情報の空間が変質し、道具や日用品、住環境も変化していった。

生きていくために必要だったデザインは、効率的な生産と大量消費によって、職能としての専門性が求められるようになり、さらに技術との関連から一層専門分化が進んでいった。美術やデザインが特別なものになっていったのは、日本では一九五〇年代以降、産業のためのデザインの教育機関が増えていくのもこの頃である。さらに現代は、ネット社会によってコミュニケーションの形態から流通の構造も変容してきている。

同様に食文化も変容し、利便性と効率を優先した食の在り方は、簡便性と均一な食卓の風景をもたらした。世界中の食を手軽に楽しめる環境は悪いことではない。ただ、固有の食文化とは何をもって定義するのか、難しくなっているのも確かである。

食文化は、食材から調理、食器、調度品、設え、空間まで含み、さらに信仰や行事、作法などを包含した生活と一体化した営みである。どのようなアート、デザインも生活とかかわらないものはない。そのことをあらためて認識するとき、身近な食とそこから派生する暮らしを結ぶアート、デザインを再考することは、食文化を問うことと無縁ではない。

食文化を振り返ることは、日々の生活を見つめることであり、個人の記憶と社会の記憶を重ねてみることができる。私たちは、バーチャルな空間が現実にも混在する複雑で多様な環境の中にいる。人間がつくり出す文化全般を見ていく視点と、地域固有の文化に関心を向けることも必要だろう。

アート、デザインを文化とのかかわり、生活環境に見いだすとすれば、食は、生活の「場」を考える手がかりとなる。

註7
『北前船の時代——近世以後の日本海海運史』牧野隆信、教育社、一九七九年

畑《はたけ》でおしごと
となりで冷えてる
乳川のすいか

4

ワークショップから絵本づくりへ

松川村の文化と食を伝える『とんすけとこめたろう　はじめての松川村』
＋
レシピ本『松川村の行事食と伝えたい料理』

●

安曇野まつかわサマースクールに三年間かかわってきた学生（山口ゆかり）が、松川村の昔の生活を絵本にまとめ卒業制作（二〇一〇年度）にしました。『よしこさんのむかしばなし』です。「よしこさん」とは、松川村で農業を営む傍ら地域の活動に携わる〈松川村生活改善グループ連絡協議会〉（以下生活改善グループ）の一人、榛葉良子さん。山口さんは、松川村を訪れるたびに村の風土や日々の生活に魅了されていった一人です。農業体験や長期滞在を通して松川村の暮らしに触れ、このような生活がどのように今に繋がっているのか知りたい、この暮らしぶりを絵本にしたいと考えました。

絵本は、榛葉さんが小学一年生の頃、一九五五年（昭和三〇年）の話をもとにしています。第二次世界大戦の敗戦から一〇年、生活がようやく安定してきた時期です。都市部ではサラリーマンが増え、労働形態が大きく変わっていきますが、農村部では労働と生活、行事が地域と一体的な関係にあり、集団的な社会構成が生きていました。その後、農村部の生活も徐々に変化していきます。

榛葉さんをはじめ、生活改善グループの人たちには、生活の中でもっとも身近な「食」を通して地域の文化を継承していきたいという強い想いがありました。地域の記憶をとどめたい、それが絵本『よしこさんのむかしばなし』の制作に繋がりました。口伝えの記憶＝文化が具体的な絵とテキストになったとき、榛葉さんはもちろん、生活改善グループの人たちにとってそれは大きな喜びとなったのです。「これは私の宝物です」と榛葉さんが語るように、郷土史や口伝えだけでは伝えにくいものが、絵本では異なった形で表すことができます。

『よしこさんのむかしばなし』は、松川村と武蔵野美術大学芸術文化学科の新たなひろがりをつくり出し、それは、二〇一一年と二〇一二年の安曇野まつかわサマースクールに繋がっていきます。地域の記憶を残していくために、話す、本にする、映像にする、演劇にする、行事食の料理講習会を開く、ワークショップを行うなどさまざまな方法があり、絵本は有効な手段の一つなのです。

二〇一一年と二〇一二年のサマースクールは、生活改善グループの人たちの協力によって実施されたのですが、「絵本の力はすごい」、松川村の農業と食文化を伝える絵本づくりに協力してもらえないか、と声がかかりました。

松川村＋武蔵美の「絵本プロジェクト」

もともと生活改善グループには、松川村の文化を絵本にしたいという想いがあったそうです。しかし、誰が、どのような形にしていくのか見当もつかなかったところ、『よしこさんのむかしばなし』ができ、目的や最終形態をイメージしやすくなりました。この絵本プロジェクトの背景には、松川村、安曇野ちひろ美術館と共同で一〇年続けてきたワークショップを通じた信頼関係があり、さらに「地域の記憶」と「食」をテーマにした二〇一一年のワークショップによる問題意識の共有がありました。

二〇一二年早々、生活改善グループを母体に〈松川村の暮らしと行事食を伝える会〉（以下伝える会）が設立されました。〈伝える会〉は、〈松川村生活改善グループ連絡協議会〉と〈長野県農村生活マイスター協会北安曇支部（松川地区）〉の会員全員によって発足した会です。

松川村の農業を担ってきた女性有志が、村の伝統・文化が薄れゆく風潮を危惧し、昭和三〇年代の行事や行事食について年配者や学識者などから学び直す中で、若者世代や子どもたちに伝承することを目的に設立されました。生活改善グループが幅ひろい活動を展開していたのに対し、〈伝える会〉は昭和三〇年代の食文化の調査と伝承に特化し、成果を絵本やレシピ本の制作に絞り込んだのです。このとき、すでに絵本プロジェクトを念頭に置き、地域づくり活動を自発的に行う住民を支援する補助金制度〈松川村地域づくり活動支援金〉の申請と〈武蔵野美術大学産官学連携プロジェクト〉への依頼準備を始めました。このプロジェクトの目的と意義を具体的に伝えるために〈松川村地域づくり活動支援金〉の申請書からいくつか抜粋しましょう。

- 昭和三〇年代の行事や行事食について、当時の現役世代だった村の年配者や学識者などに聞き取り調査を行い、一年分を整理し資料としてまとめる。また、小さい子どもや子育て世代にも気軽に親しんでもらえるよう、整理した資料をもとに次年度にかけて「絵本」を作成する。
- なお、上記の調査や絵本の作成にあたっては、村および安曇野ちひろ美術館と一〇年来の活動実績があり、昨年より「地域と記憶」をテーマに松川村の農や食を研究している武蔵野美術大学と提携し進めていく。

と記し、さらに活動の必要性の項目には、

- 利便性や経済性が優先される時代の中で、今、このことに取り組まなければ、当時の生活を知る方は次第にいなくなり、正確な情報を伝承していくことは不可能になります。そこで、これまで主に村の農業を担ってきた女性有志が一念発起し、この取り組みを行うことを決意しました。
- 地域の伝統・文化についての民俗資料や行事食をまとめたレシピ本は、

松川村を訪れるたびに、田んぼの風景、民家、神社、米蔵、祭りの獅子舞、図書館にある松川村の歴史資料などを調査し、絵本づくりの基礎資料とした。松川村来訪を重ねて資料は膨大な量になった

周辺地域においても存在しますが、よほど興味がある方を除けば決して身近なものではありません。せっかく「松川村の記憶」を掘り起こすのだから、できるだけ多くの方に知ってもらいたい。松川村らしく伝承していきたい。そんな想いから誰もが気軽にページを開くことが出来る「絵本」にすることを考えました。

とあります。一方、〈武蔵野美術大学産官学連携プロジェクト〉の一環として、〈伝える会〉の代表平林和子さんから研究委託申請書が二〇一二年四月に大学に提出され、五月に受託、本格的に活動が始まりました。

どんな絵本をつくるか――学内プロジェクトの始動

絵本プロジェクトは、大学のアーツプロジェクトとして授業単位化することが決まり、数名の学生を募り、プロジェクトの構想や目標を三月から練り始めました。どこにもない新しい試みがしたい、これが最初に頭に浮かんだことです。

地域の特色を生かした絵本づくりは全国的にもさまざまなひろがりを見せています。しかし、多くはもとになるテーマが決まってから制作を依頼し、ときにはテキストが用意されていることもあります。たとえば、その地方に伝わる昔話を絵本にする、年中行事をわかりやすく絵とテキストで整理す

実った稲穂

る――などです。期待されるのは、イメージの視覚化と質の高い絵の表現です。依頼される側も要求に応える絵を描くことを優先しがちですが、私たちは〈伝える会〉と大学の役割を分担し、共同で制作することを前提に、〈伝える会〉にとっても、「自分たちがつくった」という実感の持てる絵本づくりを想定しました。物語も絵も共同の成果にしようという考え方です。さらに、絵本をつくって終わりではなく、次の活動に繋がり生かされていく絵本でありたい。料理教室での活用、図書館や学校での読み聞かせと教材としての活用、紙芝居への応用、食育推進のための家庭での活用などです。

こうした構想を伝えたところ、「こんなにいろいろやるの」と、〈伝える会〉には戸惑いもあったようですが、結果的には完成に向けて、並々ならぬ決意に変わっていきました。物語も絵も住民と共同で制作するのは珍しいことで、双方に情熱がないと成立しない試みです。学生には、プロジェクトの基本的な考え方を踏まえて、以下のことを提示しました。

- 松川村の年中行事と食文化の記憶をとどめる絵本にする。
- 〈伝える会〉の意向を優先して受けとめ、絵本は共同制作という新しい試みをする。
- 無からは何も生まれない。知らないことは、物語にも絵にもならない。そのために「松川村の歴史と農業」「松川村と安曇野地方の行事と食文

刈り取りのあと

化」「地域に伝わる神話や伝説、昔話」「昭和三〇年代の世相や時代背景をもとに松川村の三〇年代」を調べることから始める。

・既存の地域の文化や食文化に関する絵本を調べ分析する。
・テーマの参考になる絵本をできるだけたくさん見る。
・絵本に関心があり、絵本制作に興味を持っていること。
・地域の伝承や昔話を考慮しオリジナルの物語をつくる。
・課題ではないので、完成度の高いものを目指す。
・絵本の全体の監修と制作に関する編集、画面展開、表現などについては、教室で可能な限り細かく指導するが、物語の構成と絵を描くことは、学生たちが挑戦して欲しい。
・作品として、誇れるものにして欲しい。

学生にはかなり高いハードルです。当初は大学院二年生と三年生の二人と一緒に準備を始めました。松川村という一地域に特化したテーマを扱う絵本なので、六月中は安曇野地方の農業と年中行事、伝統的な食文化を知るために、文献調査と聞き取り調査を行いました。同時に参考になる絵本を可能な限り集め分析しました。

この基礎的な作業は、その後の〈伝える会〉との合同会議に生かされます。それぞれが共有できる素材や言葉によって議論が可能になるからです。〈伝

はぜかけ

える会〉はすでに聞き取り調査をもとに、春夏秋冬に分けて年中行事と行事食、かつてどの家庭にも見られた特徴的な料理を一覧にしていました。学生たちには、この資料を読み解きイメージすることが求められます。料理の名称も地域固有のものがあり、まったくわからないものも出てくるので、その都度確かめます。表現することはすべて同じですが、想像力を高めイメージを紡ぎ出すためには、いかに基礎的な作業が必要か、身をもって知ることになりました。

松川村の年間行事と食を伝える「オリジナル物語絵本」

七月に入って、新たに三年生と油絵学科二年生がメンバーに加わりました。調査を継続させながら、八月の松川村との合同会議に向けて、検討材料となる絵本案を出す段階に入ります。〈伝える会〉が求めていたのは、昭和三〇年代の行事食と伝え残していきたい料理ですが、その背景にある松川村の農業と暮らし、一年を通じた行事と松川村の食文化も伝えたいという強い想いがありました。そのためにはオリジナルの物語絵本が必要です。整理された行事食の一覧から絵本に発展させるだけでは説明的になり、図鑑や知識絵本に近い従来のものと変わらなくなります。たとえば、田植え一つとっても、そこにはさまざまな約束ごとや村の人々の相互扶助、道具の使い方などがあり、一〇時のおやつ「お小昼」も、農作業にまつわる小さな出来事、物語が重なった情景と一体的なものです。

七夕には、里芋の葉っぱに溜まった夜露を集め、その露で墨を擦り願いごとを短冊に書きます。露はお星さまの贈り物だから願いが届く。「七夕まんじゅう」は、そんな想いがこもった行事食です。知っている人も、実際に行う人も少なくなっています。だからこそ伝え残したい、となれば物語をつくり絵本にするしかないのです。もちろん、これは学生たちには大きな課題です。

いよいよアイデアを出していきます。ここでいうアイデアは、物語の完成形を念頭に置いたものではありません。その時点で知り得た松川村の行事と食をもとに、それぞれが思い描いているアイデアを具体化する作業です。このとき、学生たちに次のような提示を出しました。

- 一つにこだわらず、さまざまな案を出す。
- 出てきたアイデアから、さらに想像力を膨らませ、小さなことから物語を動かしてみる。
- 一つのストーリーに執着せず、その場面では何が中心になるのか、語りたいことは何かを考える。たとえば、そこにいる人物なのか、ものや食べ物、あるいは場所なのか。

・視点は一つではない。おばあさんが子どもに語りかける設定と子どもがおばあさんに聞くのでは、話のつくり方も絵の描き方も変わる。さらに言葉のやりとりも想定する。
・絵のことだけに囚われない。文章だけでも語れるような長い文章を書いて頭の中を整理する。

オリジナル絵本のアイデア

その結果、三つの方向性といくつかの案が出てきました。

松川村・ムサビコラボレーション案

1　**〜なこと絵本**
「〜なこと」というフレーズで役割を分担して本編展開＋資料編。テキストは、松川村に限らずあてはまるものだが、イラストをつけることで松川村ならではのことを伝える。

2　**歌合せ**
松川村の住民と学生で一つの歌（詩）を描く。

3　**あいうえおで展開**

行事食や行事を「ことばあそび」で展開する。

物語で展開する絵本

1　**みっちゃんと小正月**

小正月に一人で留守番していたみっちゃんは家の神棚から小さな神社へ迷い込む。神様（みっちゃんのご先祖様）や大黒様は神社でお正月のご馳走を食べていた。気づくとみっちゃんはもとの神棚の前にいて、御供えした〈物作り〉はすっかりなくなっていた。

2　**虫からみた秋祭り**

稲を盗み食いするバッタ（稲虫）のいねりんが田鯉《たごい》のおじさんに出会い、田鯉のおじさんのように、雑草を食べるよい虫になり、毎年仲間と秋のお祭りを祝うようになるまで。

3　**いごやブリの視点で、松川村に来るまでをたどる**

富山湾から松川村までの道中での出来事を、いごやブリの視点で展開する。

4　**アルバム**

アルバムの写真と、写真から思い出した記憶を描く。絵日記と繋がる要素。

5　**鬼からの手紙**

男の子と鬼の交流。ある日「夏休みだから松川村に遊びにいくぞ。すずめ焼きをつくってごちそうしろ」と鬼から手紙が届く。すずめ焼きの課題はクリアしたものの、鬼から手紙は続き料理の難易度はどんどん高くなっていく。

6　**松川村の女の子と安曇族の男の子の出会い**

松川村に住む女の子と、安曇族の男の子は、それぞれの地域の行事食を持ち寄ってピクニックをしようと約束する。本の右と左からそれぞれの話が進み、真ん中で二人のピクニックの様子を描く。

絵日記展開する絵本

1　**物語と絵日記を合わせた絵本、おばあちゃんと孫の男の子の会話**

男の子が描いた絵日記で物語を展開する。おばあちゃんと男の子の会話が絵日記になり、そこからまた会話が進んでいく。

三つの案は、検討の材料として八月の合同会議に向けてつくられました。具体的に見える形があれば、〈伝える会〉はそれぞれの考えを具体的に重ねることができ、学生たちは、知識や生活の実態をさらに細かく深く知ることができます。こうした会議で加筆されていく資料は、同じ土俵で考え、次の段階に進むためのものです。このとき、よりイメージを描きやすくするため、参考になる絵本も何冊か用意しました。〈伝える会〉は、共同でつくっていく認識が明確になり、絵本を意識してレシピの資料をシンプルに整理する必要があると気づきます。これは絵本をつくるための編集意識の表われです。結果的に、八月の会議は双方が覚悟を決める真のスタートとなったのです。

物語の構想——松川村らしい絵本

文献調査、聞き取り調査、八月の会議を経て学生たちにも松川村に対する理解が深まります。しかし、〈伝える会〉が作成した資料と聞き取った話を絵本にするだけでは説明的なものになり、松川村らしい絵本にはなりません。物語にするためのイメージの源はある程度できたわけで、次の段階は物語の構想です。

構想づくりのプログラムは、まず物語の中心になる登場人物やそこで展開する出来事を決めること、おおまかな物語の筋立てを考えることです。具体的には、物語のきっかけをつくるために、小さなことでもメモとスケッチを重ねます。最初はバラバラでも、繋ぎ合わせることでストーリーが生まれ、新たなイメージを生み出すことができます。この段階で学生に提示したこ

「とんすけときーちゃん」アイデアスケッチ

とは次のことです。

- スケッチは描き過ぎず、おおまかな線描で表す。
- 物語の導入部を見つける。
- 作業を通して自分がその場所にいる感覚を持つ。明らかに矛盾していることは描かない。
- 楽しんで物語をつくる。自分が楽しくないものは見る人にとっても楽しくない。

いよいよ「松川村の絵本」を意識したアイデア抽出のための試行錯誤が始まります。次の松川村訪問は一〇月末です。まず個々に案を出します。一人で構想するには、これまでつくり上げてきた松川村像をあらためて整理し、自分のイメージを繋いでみることです。導入部や物語を動かす中心になるものを自力で考えなければなりません。出てきた三つの案は、キャラクターの設定や着眼点が異なり、それぞれ特徴的でした。

とんすけときーちゃん

鬼の子「とんすけ」のキャラクターがユーモラスで、とんすけがはじめて見るものに興味を示していく様子から、次の行動や展開を想像する楽しみがある。女の子「きーちゃん」や村人と仲よくなり一年を過ごす

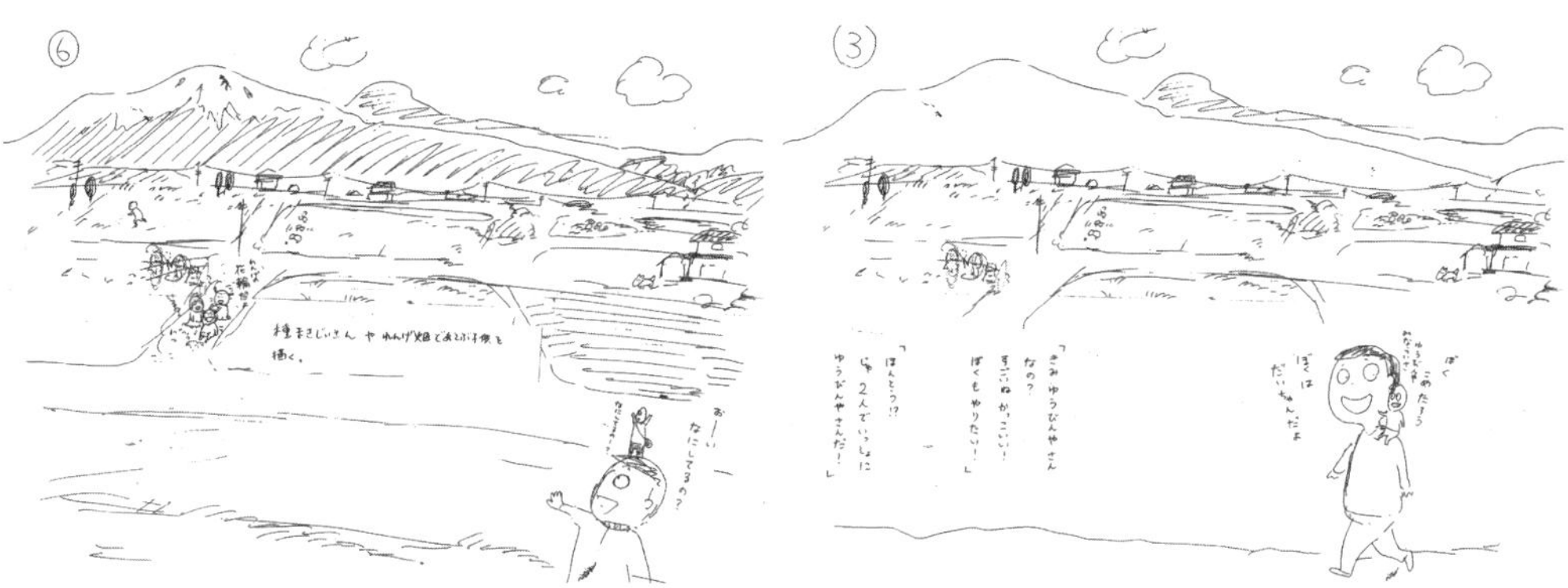

「だいちゃんとおこめの郵便屋さん」アイデアスケッチ

展開は物語を繋げやすい。

だいちゃんとおこめの郵便屋さん

「おこめの郵便屋さん、こめたろう」が、大豆が大釜に宛てた「みそたき」の手紙を届ける様子から村の生活や農業、年中行事を表しやすい。読者は「おこめの郵便屋さん」と一緒に村を巡る楽しみがある。

たんすの手紙

たんすの引き出しから導入部を引き出す着眼点がユニーク。引き出しから見つけた手紙から女の子どうしの会話に繋げ、自然に行事を伝える方法もわかりやすい。だが男の子が興味を持つだろうか。

出てきた三つの案をもとに教室で発表し、意見を交換します。個人で構想する時間とグループで構想する時間を交互に設けて一つにまとめていくことは、私がよく用いる方法です。個人の発想を尊重しながら、グループでディスカッションを行うことによって異なった見方に気づき、問題点を客観的に把握できます。また、注目すべきところ、構想の根幹になる部分を見つけやすいのです。一〇月末の合同会議に向けて、時間をかけてそれぞれの案をブラッシュアップします。三年生が新しいメンバーとして加わりました。

1

1-2 2012年10月24日。ラフスケッチをつけて3つの物語の構想を伝える。〈伝える会〉は20人が参加した

〈伝える会〉の意気込み

二〇一二年一〇月二四、二五日、松川村を訪問。一日目は〈伝える会〉から二〇名が参加しました。〈伝える会〉からこれまでの活動と資料整理について報告があり、大学からは三つの案について説明しました。ラフスケッチをつけた具体的な物語の案であり、〈伝える会〉から活発な意見が出ました。

昭和三〇年代の松川村の農業や食について、農具の使い方や服装、生活の様子など突っ込んだ指摘が入ります。中でも興味深かったのは、三つの案の物語の構成やキャラクターにも、細部にわたりさまざまな意見が出たことです。一年を通じた農作業や行事と行事食の記憶にそれぞれが思い巡らせ、自分の中で物語をつくり出しているのです。面白いのは、わずかな年齢の違いや地域が少し離れているだけで、食事の内容や生活との繋がりが微妙に異なることです。記憶をたどりながらの会話とそれを繋ぎ形にしていこうとする様子は、さながらワークショップそのものです。さらに昔の農具についても「絵になることで、子どもに『これなに？』と聞かれたときに答えられる」「こうやって使ったんだよ、と話で補える」「想像する余地は残したほうがいいですね」と、絵本ができ上がったあとのこと、読み聞かせるところまで想定しているのです。翌日は、大晦日、お正月、秋祭りのための料理講習会に参加し、料理を食べながら行事食の理解を深めました。料理の体験

2

が材料の理解や行事と結びつき、次の構想に生かされていきます。こうして一〇月の合同会議は大きな意義を持つものになりました。双方の役割が一層明確になったのです。

〈伝える会〉からは次のような提案が出ました。

- 学生がつくった物語をベースにする。
- 絵本に盛り込みたいことを欲張らず、どのように入れるかもうひと工夫する。そうすれば物語を網羅的にしなくてすむ。
- 学生は昭和三〇年代を知らないので、学生たちから知りたいことをピックアップしてもらう。同じような感性を持った人たちが読むので、そのほうがよい。
- 主人公の設定をはっきりさせ、流れが明確になるとわかりやすい。

その結果、一二月中に二つの案に絞り、それをもとに〈伝える会〉でも物語を検討することが確認されました。「松川村の絵本」が真に共同で制作できると確信した瞬間です。

〈伝える会〉の人たちが主になってこそ独自の絵本が生まれる。これは依頼を受けたときからの懸案でした。当初、〈伝える会〉は行事食とその由来、伝えたい料理のレシピを一覧にまとめれば、武蔵美が絵本にまとめてくれると考えていたようです。学生はあくまでも手伝いで、まさか学生たちが中心

3

4

になって、物語をつくり絵も描くと思っていなかったのです。しかし、それでは新しいつくり方にはなりません。〈伝える会〉が積極的に「絵本の制作者」になるためには、学生たちと接触する時間が多いほうがいいのです。また、学生たちにとっては課題とは異なる絵本制作の実践の場にしてほしかったからです。授業の課題とは違い、ときに厳しい言葉をかけることになります。緊張感を持って〈伝える会〉と話し合わなければならないのです。

〈伝える会〉代表の平林和子さんは、後に「これはえらいことになったぞ。この若い人たちに昔のことを理解してもらうのは、と目が覚めましたね。私たちは絵本案がなかなか一本化されないところに戸惑いました。だけど私たちもオリジナルな物語創作の過程を知り、自分たちでかかわったわけですから、この本にうんと思いが込められます。ただ、お願いしてできた本じゃ愛着もわかないし、説明も十分にできないけれど、こうやって何回もやりとりして、暗記できるくらいまでになっていますから、『もうみんなに話せるよね』と話しています。本当に愛着のある絵本になりました」と述懐しています（註1）。

3　2012年10月25日
大晦日、お正月、秋祭りのための料理講習会

4　手前から時計回りに、ようかん、切りいか、たまご焼き、ぶどう、たつくり

註1　絵本プロジェクトのメンバーの一人、濱田夏実は二〇一三年度の卒業制作で、二年間の活動を『絵本で伝える個人の記憶と地域の記憶——絵本の可能性とひろがり』としてまとめた。その際〈伝える会〉のメンバーにインタビューを試みている。平林和子さんの言葉は、インタビューを書き起こした一部。

「とんすけ」+「こめたろう」の物語

二〇一二年一二月末、ブラッシュアップした二案、『とんすけときーちゃん』と『だいちゃんとおこめの郵便屋さん』の物語とダミー本を松川村に郵送しました。二〇一三年一月の合同会議に向けてイメージを確認してもらうためです。

二〇一三年一月二八日、松川村訪問。これまで検討を重ねてきた二つの案を発表し、さらに次に進むための会議でしたが、この日新しい展開がありました。〈伝える会〉の役員（五名）との事前打ち合わせで、〈伝える会〉から新しい案が出てきました。「とんすけ」と「こめたろう」の合体です。事前に送っていた二つのダミー本が一つになっていたのです。コピーしたものを切り貼りし、「とんすけ」と「こめたろう」が一つの画面の中にいます。新しい絵も加わり、二つの物語の流れを尊重しつつ、新しい物語が生まれていました。手を加えることに遠慮しつつも、「私たちの手でつくりたい」という欲求が強く表われていました。おそらく、地元の画家に依頼していればこのようなことはあり得なかったでしょう。学生との関係だから可能だったのです。客観的に見れば、学生も遠慮しながらも主張する。〈伝える会〉の人たちも優しく許容しながら譲らない。このような制作過程は、そうあるものでは

1

2

ありません。

　翌日は朝から〈伝える会〉のほかのメンバーも加わった合同会議です。昨日の会議を経てすでに一つにまとまった案は、〈伝える会〉、学生双方で考え方、方向性を共有したものです。お互いの合意に沿って『とんすけときーちゃん』と『だいちゃんとおこめの郵便屋さん』の季節ごと、行事ごとの描写にも細かな検討が行われました。細部の切り貼りやテキストの書き換えが行われ、〈伝える会〉の人たちも楽しそうに編集制作作業に加わり、まさにワークショップ第二弾という様相です。

3

1　物作りの「稲の花」。わらの茎に小さなお餅をたくさんつける
2-3　物作りの「繭玉」。米粉（寒晒し粉）で、蚕の繭や宝袋、野菜をつくり柳の枝などに刺す

絵本づくりに生かされた松川村の知恵

〈伝える会〉の人たちが、調査とレシピをまとめることが自分たちの役割で絵本の制作は別と考えていたなら、このような状況は生まれません。表現したい欲求は誰にもあり、共同作業の過程で、自然と役割分担という垣根が取り払われたのです。一つのことを成し遂げることは共同作業から生まれる、そのことを身をもって体現することになりました。かつて農作業そのものが村の共同体としての行事であり、年中行事や行事食、普段の暮らしも個別では成り立ちません。繰り返し行われた絵本づくりのための話し合いや作業を通して、かつて村にあったそうした記憶がよみがえり、それを物語や絵に重ねていく行為は、これまで集団で生きてきた松川村の知恵であり、「松川村の絵本」づくりにもそれが表れたのです。

こうして、「とんすけとこめたろう」の原形ができ上がりました。

「とんすけとこめたろう」の画面づくり

大きな枠組みが決まり、課題や検討すべき細部の確認作業に入ります。画面ごとに中心になるテーマを決め、現状のテキストの入った着彩のラフス

4

5

ケッチを分担して描きます。四月に着彩されたダミー絵本が完成し、松川村に郵送。新学期を迎え三年生、一年生がメンバーとして加わりました。

〈伝える会〉は、二〇一三年五月一五日に行われた〈平成二五年度松川村地域づくり支援金の報告会〉にダミー絵本と二〇一二年度活動報告を提出し、参加者から高い評価を得たそうです。そして引き続き完成絵本印刷のための支援金も採択されました。五月二五日、二六日、学生五名が松川村を訪問し、テキストの再考、画面ごとの細部の修正、絵に矛盾がないか確認が行われ、〈伝える会〉から細かな指摘を受けました（一八二〜一八八ページ参照）。

文献や写真だけでは確認できないこと、聞かなければわからないことが多くあります。テキストに関しては、芸術文化学科の卒業生でプロのシナリオライター阿久津朋子さんに見てもらい、テキストの量を少なくして、リズムよく読めるよう工夫しました。

初期の段階では、絵をどのように分担するのか明確ではなく、背景や登場人物などで分担する考え方もありました。最終的に一人が八ページか一〇ページを連続し、分担して描くことにしました。一般的には一つの物語を数人で描くことはあまりなく、描き込みが進むまでは、絵本の流れが止まらないか、少し心配なところでした。しかし結果的にはそれぞれの表現の特性や個性がうまく調和し、新しい試みの一つになりました。

6

4-5　ラフスケッチをもとに真剣な打ち合わせが続く
6　〈伝える会〉のメンバーと会議に参加した学生。中央に著者

ダミー絵本の画面構成

〈二ページ〉導入部
〈三ページ〉鬼たちが松川村に出発
〈四ページ〉とんすけ松川村へ
〈五ページ〉最初の節分
〈六ページ〉とんすけとこめたろうの出会い
〈七ページ〉初代ばあさん足りない大豆を取りにくる、三人の出会い
〈八〜九ページ〉みそたき、とんすけ村での生活スタート
〈一〇〜一一ページ〉れんげ畑、種まきじいさん、種まき

〈伝える会〉の指摘

・とんすけが住んでいる森は、冬なので冬景色ではないか？
・豆まきの時期はまだ雪景色
・初代ばあさんの背景も雪景色に変えてほしい
・かますがただの袋のようになっているので修正する。わらがちょっとはみ出ていたり、編んだようになっているので、もっとかますの表現を正確にしてほしい
・みそたきの順序が正しくないので、正確にしてほしい。炊いて、つぶして、丸めるという一連の流れで描いてほしい

2-3 ページ

6-7 ページ

〈一二～一三ページ〉田植え
荒くれ車と小さな事件
お小昼
〈一四ページ〉端午の節句
〈一五ページ〉田鯉の放流
〈一六ページ〉ホタルと夜露

・見開き全体で田植えを描いてほしい
・荒くれ車の後ろの輪はいらない。とんすけが乗っているところ（ちょうど真ん中）に輪がある。カラー版ダミー絵本では、輪が四つだが、二つか一つに変えてほしい
・田植え作業もいくつか入れてもらいたいが、大々的にお小昼を描いてもらいたい
・田植え＝お小昼を印象づけたい（農作業は背景で展開）
・お小昼のところをもう少し絵で細かく描いてほしい
お茶、やかん、お茶碗を描く
おにぎりは丸く、ごま塩おむすび、きな粉おむすびがあった
むしゃむしゃっと食べてしまうとおむすびの見た目がわからないので、キャラクターの手にもたせたり、お皿にのせた状態にして、はっきり描いてほしい

12-13 ページ

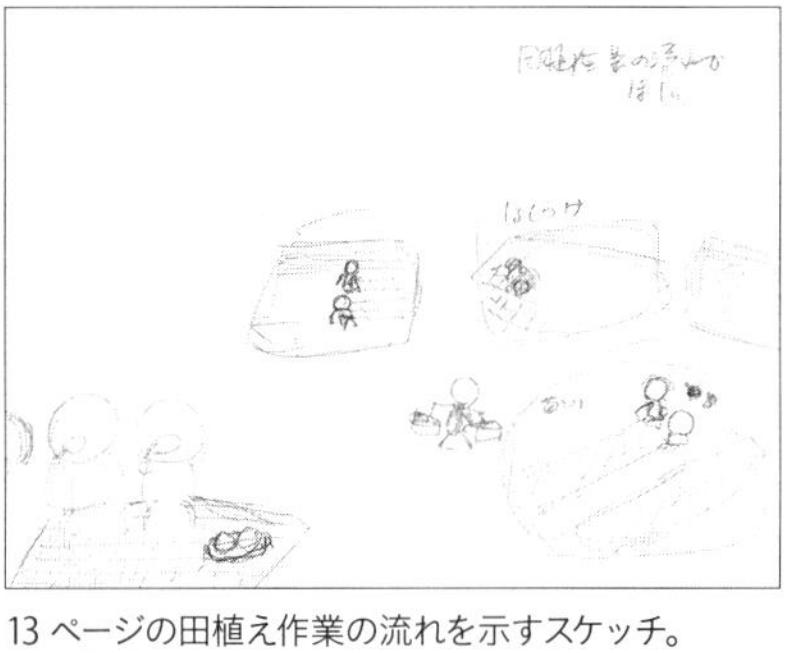
13 ページの田植え作業の流れを示すスケッチ。
画面左下にお小昼

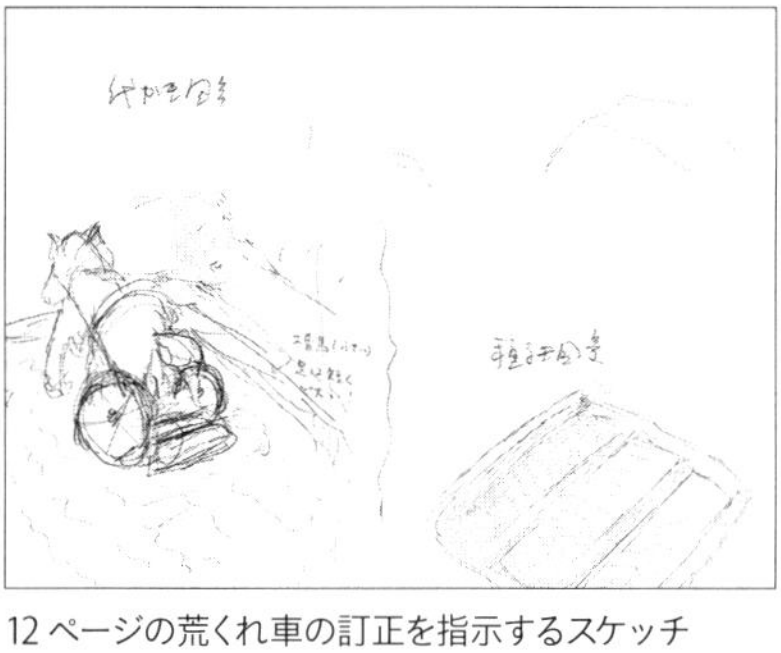
12 ページの荒くれ車の訂正を指示するスケッチ

〈一七ページ〉七夕一
七夕二、七夕まんじゅう
〈一八～一九ページ〉迎え盆
お盆、送り盆
〈二〇～二一ページ〉秋の収穫、脱穀
〈二二～二三ページ〉秋祭りの準備

- 刈る→束ねる→はぜかけ→脱穀、という流れをこのページでしっかり描いてほしい
- このダミー絵本でははぜが小さいので、はぜやはぜかけをしっかり描いてほしい
- おばあちゃんが稲を運ぶのは正解
- お米は炊く前に研ぐので、絵の順番は逆
- お祭り準備は行事食をもっとはっきり、大きく入れてほしい。「食べたい！」と思うくらいはっきりと！
- お祭り＝お料理、というイメージ
- お宮は次ページに描かれるので、もっと小さくていい

20-21 ページ

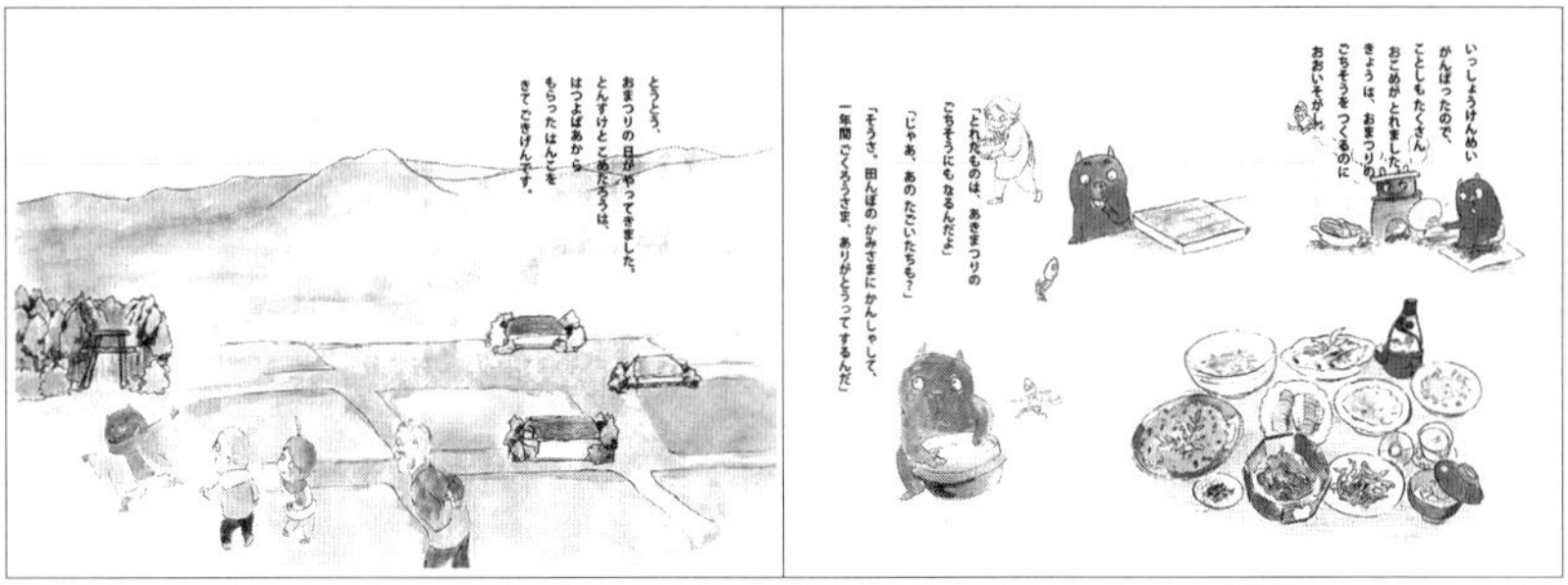

22-23 ページ

〈二四～二五ページ〉秋祭り

〈二六ページ〉とうかん夜一（かかし片付け・もちつき）、雪合戦

〈二七ページ〉とうかん夜二（かぼちゃ団子）

- たいやきなどの出店はいらない
- 前面に獅子舞を描いてほしい。とんすけが獅子につかまっていたり、とんすけが見ているような感じでもよい
- 人はあまり描かなくてよいので、船と獅子をメインに描いてほしい
- ぜひこの場面でとんすけとこめたろうを可愛く描いてほしい。存分にはめを外して！
- 冬至にはかぼちゃを食べ、とうかん夜にはお餅を食べる
- かかしのシーンには、とうかん夜をしっかり描く
- 「おーい。とうかん夜だからお餅をつくよ」というセリフに変えるなど、「とうかん夜」という言葉を入れてほしい
- おばあちゃんが描かれている場面は餅を食べている絵になっているので、冬至かぼちゃの場面をしっかり描く
- かぼちゃ団子は、ツルのついた鉄鍋をいろりにかけてつくった（昭和三〇年代）。鉄鍋からかぼちゃ団子をよそって、子どもが食べる

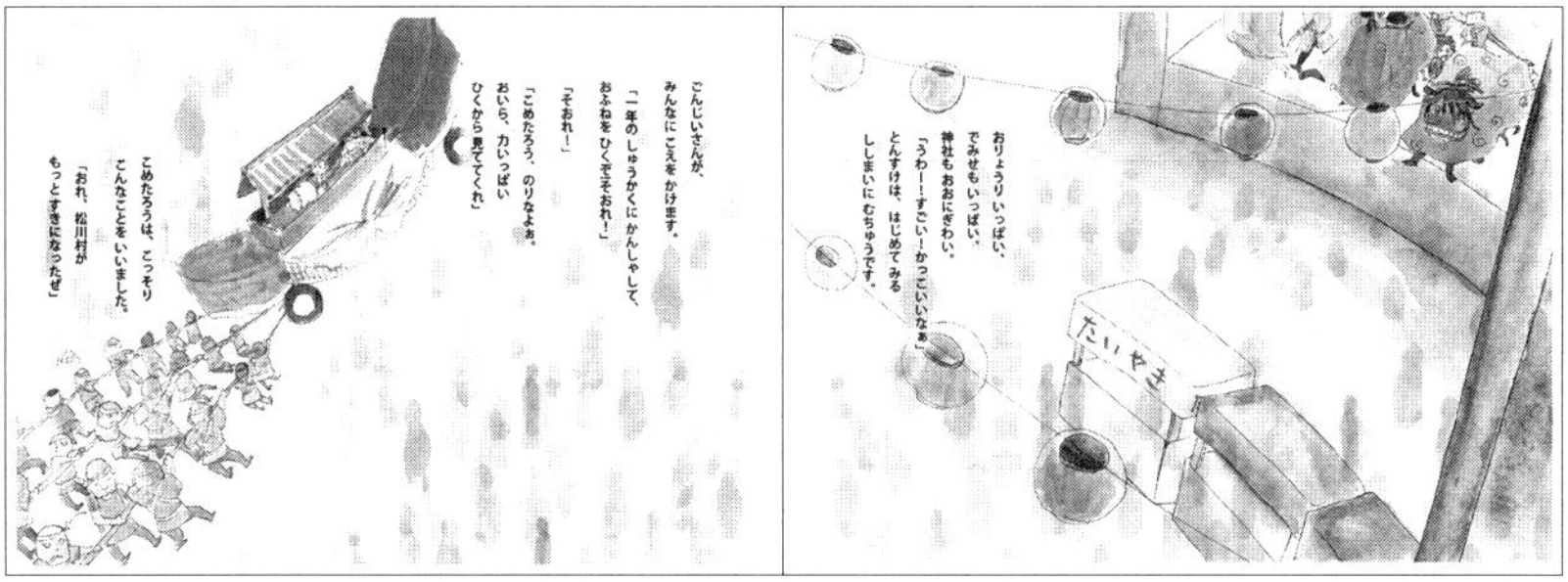

24-25 ページ

26-27 ページ

〈二八ページ〉お年取り一（ぶりんっ！）

〈二九ページ〉お年取り二（もちつき）

〈三〇～三一ページ〉大晦日

・かぼちゃ団子は鍋につくってある状態だとかぼちゃが入っていることがわからない。かぼちゃを近くに転がしておけば、かぼちゃの料理であることがわかるのでは？
・かぼちゃ団子は、鉄鍋にかぼちゃを入れて、粉でといたお団子を入れた。そんなイメージで描いてもらえればよい
・かぼちゃは切ってから鉄鍋に入れた
・鉄鍋の中身がわかるように描いてほしい
・ブリのシーンはこのままでよい
・臼の形が違う。猿蟹合戦に登場する臼のイメージ。行木さんのイラストを参照
・景色は、屋根に雪が積もっていて、冬景色にしてほしい
・門松もどこかに入れてもらいたい。年の暮れには門松を飾った
・左のページには冬支度、右のページには伝えたい行事食を描いてほしい
・神棚はこれでよい
・屋根や家の壁をとっぱらってしまって、ページ全部を居間にしたら見やすいのではないか。ご馳走を食べていますというようすを伝えたい
・お年取りのこたつの上に行事食などを描いてもらいたい

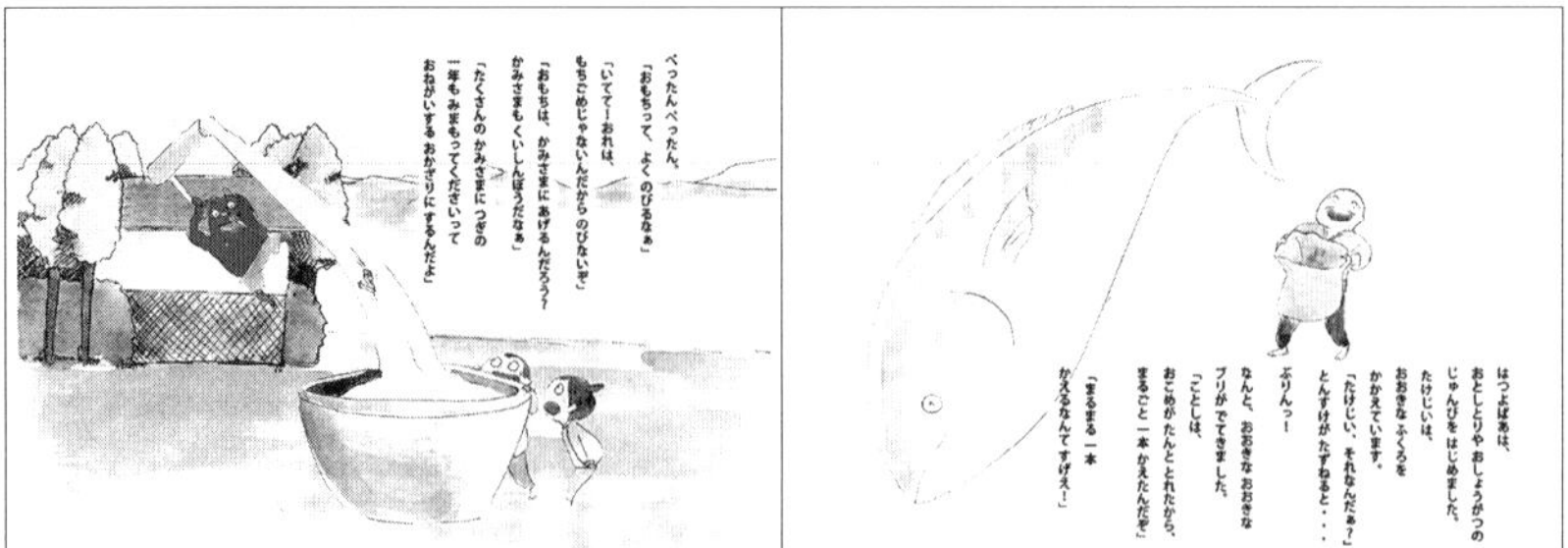

28-29 ページ

〈三二ページ〉お正月一（たこあげ）

〈三三ページ〉お正月二（おせち料理など）

〈三四ページ〉冬支度、とんすけしょんぼり

・お正月の料理も、黒豆やおせちを、絵で見てもわかるようにはっきり描いてほしい

・かち栗や柿なども描いてほしい。カラー版ダミー絵本は蜜柑柿なので、尖ったような柿にしてほしい。当時はそれが主流で、その後蜜柑柿の品種が出てきた

・おせちのえびは、芝えび。小さいえびを佃煮にした

・おせちは日持ちがするようにつくった。黒豆やお野菜を煮たものなど

・お雑煮などのイメージを膨らませて、キャラクターのまわりに大きく美味しそうに描く

・お雑煮はブリ雑煮。お料理講習会の写真を参考にして描いてほしい。そうすると絵を見て「これが郷土食だな」とわかりやすい（イメージがわく）

・意味があってのおせちなので、お正月のシーンにはお願い事を書いてほしい。「繰り回しよく、かき回しよく」、「黒豆はまめなように」など

・こたつの上に、針刺し・みかん・大きな握りばさみ（チョキチョキばさみ、舌切り雀に登場するようなはさみ）を描いてほしい

・おじいさんのところが殺風景なので、縄が玉になっていたり、わら束をおいて縄をなうなどの絵を描いてほしい。また、カゴはつくらない。俵は、まず平らに編んでいって最後に繋げる。手前の所にわらがあって、それを取りながら縄をなう。なった縄はお尻の下で押さえながら、またひっつって、なって、というようにつくっていく。だから、お尻の後ろのほうに山ができていく。どんどん後ろへひっつっていくのでそういうイメージで描いてほしい

・とんすけが、おじいさんのお尻の下から出ている縄をひっつっていてもいい

32-33 ページ

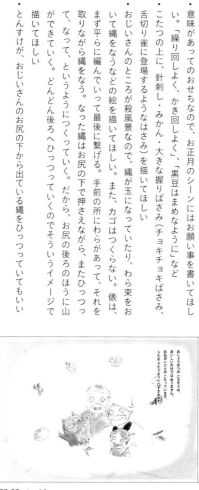

〈三五ページ〉物作り

〈三六ページ〉三九郎

〈三七ページ〉節分の前日

〈三八〜三九ページ〉節分

〈四〇ページ〉親子の再会

〈四一ページ〉親子の再会二

〈四二〜四三ページ〉お別れ

・物作りのシーンはこの絵をもう少し膨らませてほしい
・物作りはもうちょっとにぎやかにしてほしい。繭玉に色がついていてもOK。ピンクとかグリーンとか、お料理講習会でやったときみたいなイメージでOK
・物作りも神棚の近くに飾った。イメージは合っている
・稲の花がついてないのでつける
・稲の花は神棚から下げた。神棚の前に稲を垂らすように描けばよい
・雪の中という感じがしないので、その雰囲気を出してほしい。まっしろけでは、村のようすがわからないと思うので、茶色の部分（土が見えている部分）があってもOK
・雪があったり、木があったり、土が見えていたり、バランスよく描いてほしい

36-37ページ

『とんすけとこめたろう　はじめての松川村』、2014年1月28日刊行

『とんすけとこめたろう　はじめての松川村』
『松川村の行事食と伝えたい料理』
監修：今井良朗（武蔵野美術大学 芸術文化学科 教授）
編集委員：平林和子、榛葉良子、中丸操、三原良子、行木ちづる、伊藤恭子、榛葉八重子、渡辺良枝、小林裕子、茅野まゆみ、鈴木省子、山﨑栄子、尾曽保子、山田早苗、古原育子、平林芳子、佐藤泉、宮澤登紀子、宮沢恵美子（松川村の暮らしと行事食を伝える会）
絵本：絵と文、レシピ本：制作・デザイン
相川瑠里（油絵学科）大谷友里子・加藤三南子・菊池里々花・パク ヒジュ・濱田夏実・渡邉智巳（芸術文化学科）

協力
松川村生活改善グループ連絡協議会
北安曇郡農村生活マイスター松川支部
松川村
武蔵野美術大学 研究支援センター
レシピ本
北安曇農業改良普及センター（写真撮影・山中美智子）
松川村の村民の皆さん

発行：松川村の暮らしと行事食を伝える会
発行日：二〇一四年一月二八日

2-3 ページ。導入部＋鬼たちが松川村に出発

4-5 ページ。とんすけ、松川村へ。最初の節分

8-9 ページ。みそたき、とんすけの村での生活スタート

12-13 ページ。田植え

14-15 ページ。端午の節句と田鯉の放流

16-17 ページ。七夕

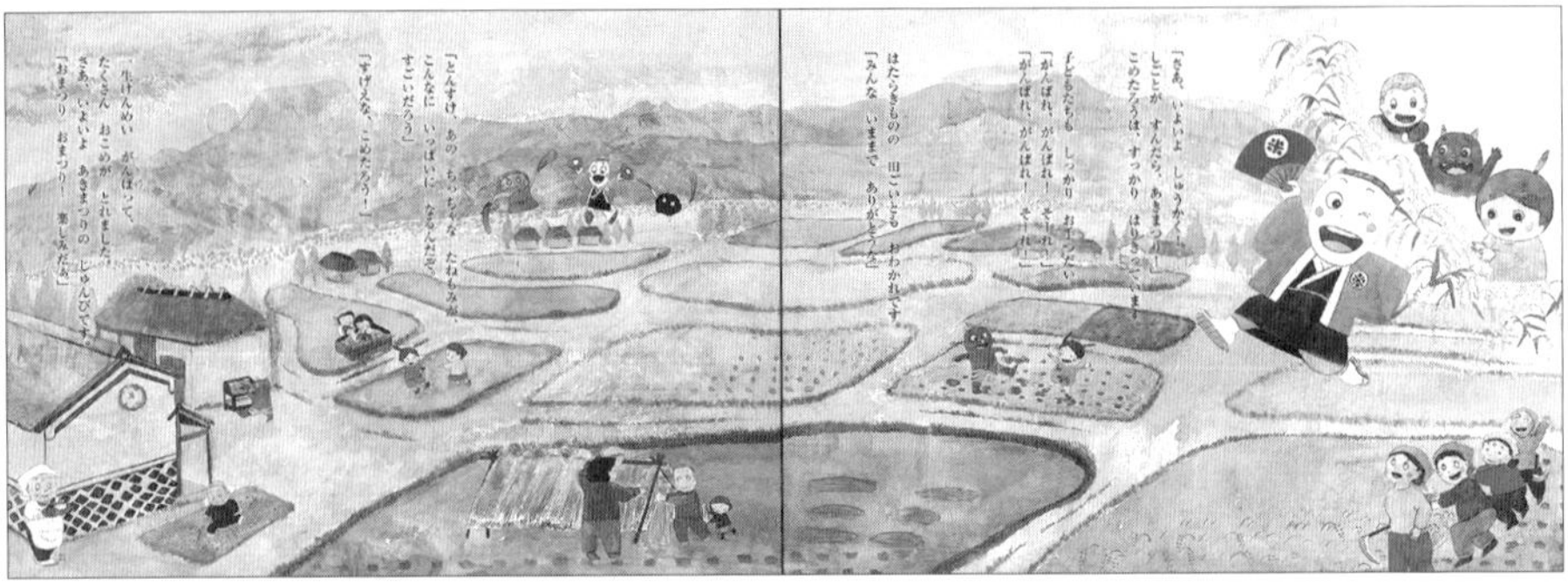

20-21 ページ。秋の収穫、脱穀

22-23 ページ。祭りの準備

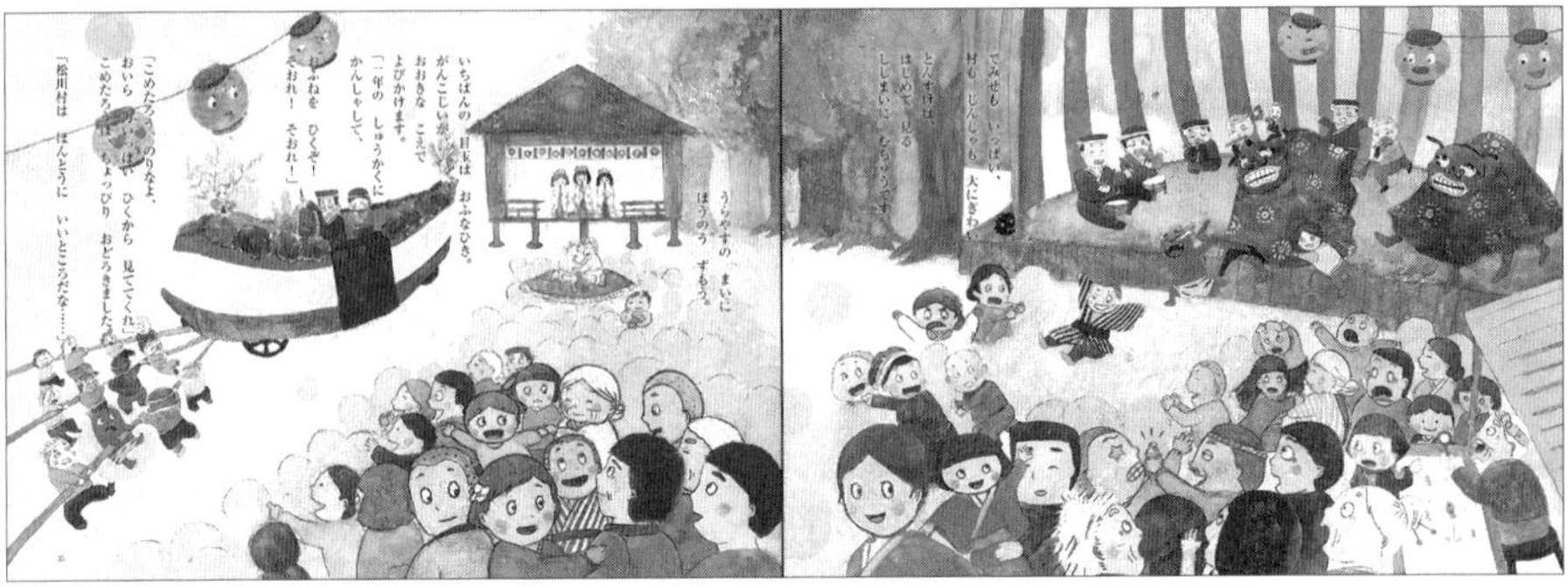

24-25 ページ。秋祭り

26-27 ページ。とうかん夜

30-31 ページ。大晦日

32-33 ページ。お正月

34-35 ページ。冬支度と物作り

36-37 ページ。三九郎と節分前日

40-41 ページ。親子の再会

レシピ本『松川村の行事食と伝えたい料理』

〈伝える会〉は料理のつくり方をわかりやすく伝えることが出発点なので、レシピは欠かせません。絵本に出てくる行事食のレシピをどうするか。絵本の画面に取り入れたり、巻末に資料として掲載する考え方もありましたが、別冊にしました。写真と掲載する資料は〈北安曇郡農業改良普及センター〉が主となり、〈伝える会〉と学生が一緒にまとめたものです。

長野県には行事食やいわれ食をまとめた本はたくさんありますが、多くはでき上がった料理の写真と材料、つくり方を中心に構成しています。対象は大人かせいぜい高校生以上であり、子どもを含めた幅ひろい年齢層を意識したものはほとんどありません。レシピ本『松川村の行事食と伝えたい料理』も、どこにでもあるような本ではなく、松川村らしいものにしたい、との想いが双方にありました。世代を超えて楽しめ、絵本と連動させ、描かれている絵と会話が行事食や季節の料理と繋がるように工夫しています。

たとえば、レシピ本の「カボチャ団子」の項にも絵本と同じ絵が入り、材料だけでなく、団子を鍋に入れるときのコツや耳たぶくらいの柔かさを示す絵も入るなど、わかりやすく親しみやすい構成になっています。また、全体を春夏秋冬で区切り、季節ごとに料理を紹介していますが、季節の始まりを示すページには安曇節の一節を見出しとして入れました（註2）。これは〈伝える会〉のアイデアです。安曇節は松川村が発祥です。〈安曇節保存会〉の方々が歌詞の中から一番適している箇所を選んでくれました。レシピ本は、絵本以上に多くの人たちに支えられ、完成したのです。

絵本のテキストでは語りきれないこと、レシピ本だけでは表せないことがあります。しかし二冊がセットになることでさまざまな使い方ができるようになり、絵本を読みながら料理が出てきたら、レシピ本を使って話すことができます。レシピ本を使った料理から、松川村の年中行事や一年の暮らしがどのようなものであったかを絵本を見ながら話すこともできます。高齢者は、記憶をたどり思い出を語り合うことも、子どもたちに話すこともでき、子どもたちは松川村の記憶を確かめ受け継いでいくのです。世代の違いや知識に関係なく、それぞれの記憶や想像力が再び繋がり、文字どおり未来へと繋がっていくのです。

註2
春：何か思案の有明山に　小首かしげて　出たワラビ
夏：日本アルプス　どの山見ても　冬の姿で夏となる
秋：秋の安曇野　月影落ちて　なくは　鈴虫　夜明けまで
冬：冬が近いぞ　取り入れ急げ　信濃富士まで　雪が来た

1

1　『松川村の行事食と伝えたい料理』

2

3

2　『松川村の行事食と伝えたい料理』6-7 ページ
3　『松川村の行事食と伝えたい料理』12-13 ページ

絵本・レシピ本が繋ぐ、人と地域の活動

絵本『とんすけとこめたろう　はじめての松川村』とレシピ本『松川村の行事食と伝えたい料理』は、二〇一四年一月に完成。〈伝える会〉にとっては約四年間の絵本づくりで、そのうち、武蔵美との共同作業が約二年続きました。

一月二八日、出版記念祝賀会がすずの音ホールで開催され、村長をはじめ約六〇名が参加し絵本の完成を祝いました。プロジェクトに参加した学生七名のうち六名が出席し、絵本の朗読を行いました。和やかな雰囲気の中、「これは私のアイデア」「これは私のことば」という会話が飛び交い、かかわった誰もが「自分たちがつくった」と誇らしく思っていることが伝わります。生活改善グループの方から「よくここまで調べたものだ、よく観察している、すごい」といわれたときは、学生たちも二年間が報われた思いがしたでしょう。

学生たちが介在することによって立場や専門性を超えたフラットな関係を築くことができたのですが、これは大きな意味を持ちました。〈伝える会〉、学生双方に相乗効果をもたらし、ともに意欲も情熱も高まっていったからです。

学生による『とんすけとこめたろう　はじめての松川村』の朗読

絵本をつくることで共通のイメージや言葉を見つけることができたのですが、絵本という形式は、子どもの頃の記憶や、蓄積された記憶を新たなイメージとして表すのに適した媒体です。それは記録をただ残すのではなく、記憶から生まれる感情や未来への想いも表現され、そして何よりも読まれ、語られることによってコミュニケーションが生まれます。

学生を巻き込んだ地域の活動は、ますます増えていくでしょう。しかし、活動が目的化したり結果だけを求めても次に繋げるのは難しい。かかわるすべての人たち、特に地元の人たちの情熱があって形になり発展していくからです。絵本プロジェクトは、大学が社会に対してできることをあらためて考える契機にもなりました。

安曇野松川村で一〇年間取り組んできたのは、既製品のようなワークショップではなく、地元の生活と文化を芸術に繋ぎ、地元に根づき、さらには未来へと繋がって動き続ける、そんな「新しい」ワークショップを目指した試みでした。その成果として、絵本『とんすけとこめたろう　はじめての松川村』とレシピ本『松川村の行事食と伝えたい料理』が生まれたのです。出版記念祝賀会には、新聞社の取材もあり、『産經新聞』長野版（二〇一四年三月八日朝刊）は、次のように紹介しています。

『とんすけとこめたろう　はじめての松川村』出版記念祝賀会。松川村村長をはじめ約60名が参加。2014年1月28日、松川村すずの音ホール

「松川村の行事食」後世に　絵本・レシピ本 女性有志ら作成

〈長野〉松川村の四季折々の暮らしや、節目に食べる行事食を後世に語り継いでいくための〝かたち〟を残そうと、村内の女性有志グループと武蔵野美術大（東京）の学生らが共同で、二年前から「安曇野松川絵本プロジェクト」に取り組み、成果としての絵本と料理レシピ本が完成した。物語も絵もレシピも、お年寄りたちの家を訪ね歩いて調べた完全オリジナル。かつてはどの家にもあった四季の自然と密着した暮らしが懐かしい思い出とともに描かれている。

絵本「とんすけとこめたろう」を制作したのは、生活改善グループの会員らでつくる「松川村の暮らしと行事食を伝える会」（平林和子会長）と同大芸術文化学科の今井良朗教授と七人の学生ら。高度経済成長初期の昭和三〇年代前半の暮らしや伝統食、行事食を調べていた伝える会が、誰もが気軽に触れることができる媒体として絵本に注目。村内にある安曇野ちひろ美術館と関係が深い同大に絵本制作を依頼した。

ストーリーは、村の昔話に登場する鬼の子供のとんすけと、コメどころを象徴するキャラクターのこめたろうが、節分の日から一年間を村の農家で過ごして村伝統の生活を体験する。この中で田植えや端午の節句、七夕、お盆、秋祭り、冬至、年末年始などの四季それぞれの行事と、そのときに食べる料理が毎日の楽しい暮らしとともに紹介されている。絵本と連動する形のレシピ本は、伝える会のメンバーが四年間かけて村内の家々を調査した結果をまとめたもの。「自分の家ではすでに作らなくなっている行事食もあり、再びレシピを作るのに苦労した」と編集・制作委員の三原良子さん。「学生たちと一緒に料理を作ったり、調べたり、アイデアを出し合ったりして完成した」と喜ぶ。

今井教授は「伝える会と学生の双方の情熱が組み合わさってできた。学生たちにとっても初めての素晴らしい経験になった」と話す。問い合わせは同村公民館　０２６１・６２・２４８１

（『産經新聞』長野版二〇一四年三月八日朝刊　無断転載・複写不可）

コミュニティを育てるワークショップ

完成後、「とんすけとこめたろう」は、周辺地域の図書館や小学校に約一〇〇冊が寄贈されました。その後も多くの問い合わせが続き、レシピ本とともに一定の評価を受けています。絵本とレシピ本を活用した料理講習会は、生活改善グループによる「食育セミナー」として定期的に開催され、調理を通して行事食や郷土食を伝えること、絵本とレシピ本に多くの人が触れ、松川村の古くからの暮らしと「食」に触れる実践が続いているのです(註3)。
二〇一四年一〇月二四日の松川村文化祭には、すずの音ホールに絵本づくりの経過パネルと原画を展示し、同じ日、松川小学校で開催された音楽会では、音楽の先生が作詞、作曲した「とんすけとこめたろう」がオペレッタとして上演されました。姉さんかぶりのおばあさんやこめたろうの衣装が可愛く、とんすけのお父さん役を先生が演じ大好評でした。

図書館での読み聞かせにも活用され、すずの音ホールで開催された長野県図書館主催のリレー朗読会では、「とんすけとこめたろう」を紙芝居風にアレンジしてスクリーンに写し朗読されました。

絵本プロジェクトは絵本をつくって終わりではありません。こうした活動は発展性があってはじめて地域に根づくものです。〈松川村生活改善グループ連絡協議会〉は、一連の活動が認められ「平成二六年度長野県農村女性フェスティバル・きらめきコンクール」地域活動の部で最優秀賞（長野県知事賞）を受賞し、一二月の大会で事例発表も行いました。翌二〇一五年一月青少年育成村民大会では「食育活動」「絵本制作」などが認められ功労賞を受賞しました。これは絵本プロジェクトの成果が着実に地域に根づき、コミュニティを育み始めたことの証でしょう。

註3
生活改善グループによる絵本とレシピ本を活用した料理講習会は〈安曇野まつかわフォーラム〉構想へと繋がった。行事食の料理講習会と絵本『とんすけとこめたろう　はじめての松川村』の紹介を中心に企画したのが、二〇一四年の〈「食と農」フォーラム〉だ。

安曇野まつかわフォーラム「食と農」2014
八月四日
会場：すずの音ホール　調理実習室、研修室
第1部
松川村の行事食講習会——七夕・お盆の料理をつくろう
主催：松川村の暮しと行事食を伝える会
第2部
対象：子ども＋親または祖父母
食べながらとんすけとこめたろうについて語ろう——
・絵本『とんすけとこめたろう　はじめての松川村』の朗読

1

主催：松川村の暮らしと行事食を伝える会、進行補助：武蔵野美術大学芸術文化学科学生
対象：子ども＋親または祖父母
第3部
「食と農」フォーラム――「食」「農」「命」「生活」「景観」をテーマに、フォーラムの未来を語ろう
・絵本『とんすけとこめたろう　はじめての松川村』『松川村の行事食と伝えたい料理』を手がかりに、高校生以上を対象にみんなで松川を語り合う。

1　2014年10月24日、松川小学校で開催された音楽会で、オペレッタ「とんすけとこめたろう」を演じる子どもたち
2-4　2014年10月24日、松川村文化祭。すずの音ホールに絵本づくりの経過パネルと原画を展示
5　紙芝居になった「とんすけとこめたろう」

2

3

4

5

安曇野まつかわフォーラム

一方、二〇〇二年から始まった〈安曇野アートライン・サマースクール〉も新しい段階を迎えました。一〇周年を迎え、次の段階に発展するべき時期でした。子どもを対象にしたワークショップは安曇野ちひろ美術館をはじめ村内でも多く催され、大学の専門性を活用したより質の高い内容が求められるようになっていたのです。その方策を、松川村、安曇野ちひろ美術館、武蔵野美術大学それぞれの立場から模索しました。松川村の農業、生活と密接に

安曇野まつかわフォーラム「食と農2」2015
八月二一〜二三日
会場：すずの音ホール　調理実習室、研修室
二〇一四年の「安曇野まつかわフォーラム2014」では〈伝えたい料理プロジェクト〉を実施。世代を超えた多くの参加者があり、プロジェクト継続の可能性を共有した。二〇一五年は〈伝えたい料理プロジェクト〉に加えて〈記憶プロジェクト〉を実施。

繋がった記憶の伝承と、特に小中学生を中心に、現在の生活文化を学び合う生きた交流の場をつくろうという構想です。その一つが〈安曇野まつかわフォーラム〉です。

大人も含め世代を超えて芸術・文化に触れる機会や場を提供していきたい、という松川村の構想も背景にありました。一三〇〜一三七ページで触れた旧米蔵の活用もその一つです。こうして、武蔵野美術大学をはじめ、松本大学や安曇野ちひろ美術館、地元の団体などによる講座やワークショップを中心にした展開を模索していきました。しかし、住民が主体的に活動できる「場」を自然発生的につくり出すのは難しく、自治体、大学、美術館という異なる組織の連携は簡単なことではありません。そうした中で、松川村と武蔵野美術大学の共同による、絵本『とんすけとこめたろう　はじめての松川村』とレシピ本『松川村の行事食と伝えたい料理』の完成は、新しい地域コミュニティの形を示し、世代を超えてひろがっていく創造的（想像的）生活の可能性をつくり出したのです。二年にわたる絵本プロジェクトは、新たな人の連携と、拠点となる「場」をつくる活力に満ちたモデルケースであったと言えるでしょう。

①〈伝えたい料理プロジェクト〉秋祭の料理をつくろう――ほかほか体験、松川の味――
主催：松川村の暮しと行事食を伝える会、進行補助：武蔵野美術大学芸術文化学科学生
対象：子ども＋親または祖父母

②〈松川の記憶プロジェクト〉松川の暮らしを新聞にしてみよう――六〇年前の生活をまるごと取材
実施・進行：武蔵野美術大学芸術文化学科（今井良朗＋学生）、松川村生活改善グループ連絡協議会
協力：松川村の暮しと行事食を伝える会
対象：小学校四年生以上
・収蔵庫を訪れ昔の農具や生活品を観察し、松川の農業を振り返る。記事にするために、松川の暮らしと農業について話を聞き、メモをとりスケッチを描く。展示されている農具は、絵本に描かれているものもあり、どのように使っていたかイメージしやすく、触って重さを確かめる。
・翌日記事を書き新聞をつくる。

記憶を語る、伝える、残す

記憶と歴史のはざま

〈伝える会〉の人たちは、安曇野地方の行事食や古くから伝えられてきた食の文化を残していくことになぜ強い想いがあるのか。その土地固有の食文化が消えてしまうのではないか、忘れ去られてしまうのではないかという危機意識があるからだろう。このような現実は、安曇野地方に限ったことではない。多くの地域で同様の動きがある。背景には、過去の記憶が薄らいでいくこと、地域の歴史が共有されなくなっていることへの危惧も働いている。

歴史認識が問われ、歴史研究の重要性がいわれる一方、若い年齢層にしてみれば、これまで学んできた歴史は「言葉」としてわかっても実感がないのだという。知りたい、理解したいという気持はあっても自分の感覚に訴えてこない。要は歴史が個人と結ばないのだ。正直な感想だろう。今、意識的にも、無意識的にも記憶と歴史が注目されている。一地方の歴史と国の歴史を同列に語ることはできないが、分離されるものではなく、また、一人ひとりが過ごしてきた時間と場所も国の歴史と無縁なわけではない。

ピエール・ノラは、歴史の中で個人の記憶が存在しなくなりつつある、しかし消滅したわけではないという。「記憶の崩壊は、その過程で記憶を呼び起こしもする。そのため、記憶がいかに体現されるのかが問題になる」「記憶の対象や記憶の場がいかにして歴史の単位として時を経て私たちのもとにあるか」が問われているのである(註4)。

個人的な「私」の記憶は、社会的で公的な「私」としての自己認識へと立脚点が移ってきた。「私」は、固有の自己が使う私的な「私」であると同時に、誰もが使う公的な「私」でもある。この「はざま」が意識されないと、「私」の記憶は曖昧なものになってしまう。

喧嘩をしたときの感情や痛み、家族と旅行したときの楽しさは、個人的な「私」の記憶としてとどまる。しかし、旅行も含め生活スタイルや社会、歴史を語るとき、個人の知覚や感情からくるイメージよりも、メディアが媒介する「社会」がつくり出すイメージ、社会的記憶を拠り所とすることは珍しいことではない。通念的な生活様式を共有することによって「私」を自覚し認識するところが多分にあるからである。

「言葉」の歴史に実感が持てないのは、記憶と歴史に距離があり、自身の記憶と歴史は関係ないものとして、自己が介入する余地を感じないからだろう。「私」たちは社会的な記憶である歴史の中に置かれているのである。

ノラは記憶を問い直し、そこから歴史を問い直す「記憶と一体化した歴史」を主張する。それは記憶と歴史の距離を縮め、忘れかけている過去を取り戻し、個別化した記憶を結び直し過去の空白を埋める作業であり、その土地の歴史を再認識し未来に繋げる試みでもある。記憶と歴史は異なるものであり、別のものとして見ていく必要があるという。記憶は移ろいやすいものであり、情緒的、主観的、個人的な作用であるが、集団的なものに連なっている。個人の主観的な記憶も集団や他者との関係の中で現前化する。記憶は、過去ではなく現在によみがえる現象であり、「記憶は、集団から湧き出るもの」であるからだ。

かつて、集団は生活や労働と直接結んでいた。記憶は個人的であると同時に友人や隣人、地域の人々と共有されるものであり、「記憶と一体化した集団」「記憶と一体化した歴史」が自覚できた。ところが、今日では、過去や過去の記憶から人々は解き放たれる傾向にある。写真や映像などの記憶装置によって頭に蓄える必要がない。隣人や集団との間にあえて距離を置く傾向も強い。個人と集団の記憶が結ばなくなっている。一方、歴史は、忘却を運命づけられた社会が「過去から作り出すもの」であり、すでに存在しないもの、見えなくなってしまったものを再構成した過去の再現である。

歴史とは人類の記憶であると定義されてきた。それは「すべての者に属するがまた誰のものでもなく、それゆえに普遍的」なものになるが、そのときの権力や社会制度が言説―テキストを必要としてきたことも確かである。テキストによって支配された国家の歴史は、必ずしも現実（事実）を反映しない。ノラのいう「記憶と一体化した歴史」とは、過去と過去の史料に囚われ過ぎることから解き放たれることであり、過去に何が起こったかではなく、その結果何が起こり、どう変化してきたかに注目する。過去に執着するのではなく、今起きていること、何が忘却され何が生き延びているのかを見つめるのだ（註5）。

記憶が現在性をもって語られるのは、過去の再現ではなく新たな記憶が編み込まれ「再記憶化」されていくからであり、それは絶えず生ける生活とともにある記憶であり、文化に対する眼差しでもある。衣食住の文化はもちろん、文学や絵画、写真、映像、音楽、舞踊など表象として表されるものすべてが記憶の対象や場となる。表象は記憶そのものではないが、記憶の一部であり、記憶とイメージの複合として表われる。芸術は、時代や地域によって意味や役割を変えながらも、社会と生活の中に生き続け、歴史の現場に立ち会ってきた。その点から見れば、歴史性に着目するのは必然的な流れといえる。

複合の眼差しがつくる記憶の「場」

なぜ記憶や歴史的視点が問われるのか。食生活をはじめ日常生活の均一化が進んでも、風土からくる文化的差異はなくならないし、日々のなにげない暮らしは変わらない。それでも、その土地が持つイメージは曖昧なものであり、共通に認識しているのは、概念的な都市像や田舎像を象徴化したものかもしれない。そのように考えると、地域の文化に親しみ、地域の記憶を伝えていくことは容易なことではない。アライダ・アスマンがいうように「文字と同じようにイメージもまた、記憶のメタファーであると同時にメディアでもあるからだ」(註6)。私たちは、想像以上に複雑で重層的な空間に生きていることを認識せざるを得ない。

わからないこと、はかり知れない不確かなことは常に存在するが、今ほど「私」の自己認識が問われる時代はないだろう。一九九〇年代に入って「記憶の表象」や「歴史を語るアート」が注目されるようになったことも社会状況と無縁ではない。自らの身体をより意識し、対象に対して個別の知覚、認識ではなく、関係の中で捉えようとするのもその表われといえよう。それは「人」と「場」への関心であり、あらためて、個人の記憶と集団社会の記憶を結ぶための仕掛けをつくっていく作業でもある。そこで重要なのは、芸術、文化の歴史をたどるだけでなく、歴史の中で芸術、文化がどのように作用してきたのか、今どのように作用しているのか、ということになる。

写真や映像は歴史的アーカイブズとして注目されるようになったが、絵画やイラストレーションは想像の産物として、歴史の記憶と見なされにくい。しかし、個人的、集団的記憶の反映された表象に違いはない。むしろ、写真や映像はより現実に近いものを映し出しているが、真実を示すわけではないことも考慮しなければならない。視覚表象とイメージの特性は、「何よりも言語的な処理の及ばない記憶の領域に現われる」(註7)ことである。

絵本『とんすけとこめたろう　はじめての松川村』は、その一つの例である。絵本は、子どもの頃の記憶や、蓄積された記憶を新たなイメージとして表すのに適した媒体である。それは記憶をただ表すのではなく、記憶から生まれる感情や未来への想いも表現され、そして何よりも読まれ、語られることによってコミュニケーションが生まれるからである。『とんすけとこめたろう　はじめての松川村』は過去を知るためにあるのではなく、かつての記憶を現在的なものにする役割を持っている。この絵本に描かれた世界が数十年前の出来事であっても、変わらず継承されている行事があり、労働や遊びの本質はいつの時代も同じである。だからこそ、新たな記憶が編み込まれることで再記憶化される。

そこで重要なことは、時間をかけた聞き取り調査、史料から得た知識、写真や映像による人々の行為の検証が、さまざまな視点によって複合的な眼差しの中で行われたことである。そこには個人や家族、故人の記憶など普段意識しない見えない記憶を含んでいる。行事食や農作業は土地の記憶をよみがえらせ、個人と集団をあらためて結ぶ。加えて、対話と料理実習は、かつてとは違った形で家族や隣人、地域と繋がり、さらに社会と繋がるのは、記憶は異なった時間や場の経験、知識も加わり、他者との関係性を一層意識するからである。

日々見ている風景や家族が囲む食卓は、繰り返されるなにげない日常でも、季節の変化や子どもの成長とともに記憶の中にとどまり、再記憶化を重ねる。新年を迎えるおせち料理は、毎年繰り返されることで家族の記憶にとどまっていく。テキスト化された記憶でも、記録として残された写真でもない。感覚に働きかけ無意識に蓄えられていく身体的記憶である。

個人の記憶と一体化した歴史は、知覚、記憶、感情を意識した複合的な眼差しと、さまざまな表象空間から現在性を帯び「再記憶化」される。芸術が生活に根づいてきた背景もそこにある。あらためて、そのような「場」を意識し、包括的な視点から新たな「場」をつくっていくことが必要だろう。

註4・註5
『記憶の場』第一巻、ピエール・ノラ、谷川稔(監訳)岩波書店、二〇〇二年
註6・註7
『想起の空間　文化的記憶の形態と変遷』アライダ・アスマン、安川晴基訳、水声社、二〇〇七年

神山・勝浦・安曇野スタッフ一覧

とくしま・東方・験・文・録○神山アーツ

二〇〇〇年●みんなでつくろう大きな絵本

二〇〇〇年●きみだけロッカー・箱の中の博物館——光と影で遊ぼう

三月二五〜二八日

主催：神山アート実行委員会、武蔵野美術大学、神山町、徳島県

会場：徳島県神山町立上分中学校（休校中）

神山アート実行委員会

委員長：西森由一、副委員長：中茂雄、中垣宏造、井上權一、委員：大南信也、森昌槻、岩丸潔、西崎哲夫、松本義明、東雅夫、松井佑夫、竹内利夫、大門康介、阿部健治、事務局：西森規夫、山口純一、三角敏明

武蔵野美術大学

教員：今井良朗、橋本梁司、楫義明、瓦井秀和、長内研二／大学企画広報：加藤徹／補助：森須磨子、瀧本佳子／視覚伝達デザイン学科二年生：村本浩二、青島雄三／油絵学科三年生：成瀬綾子、手束淳子、油絵学科二年生：椛田ちひろ／日本画学科二年生：村上和徳、谷口吾郎／映像学科四年生：青木香織／短大美術科二年生：関政世／芸術文化学科一年生：岡田伊央、小林香織、笠原佐知子、佐藤真理、進藤文枝、萩野剛司、吉村一磯、瀬川佐知子、鈴木さやか、宮嶋健作、岡田江利香、竹内亜季、国井万沙子、合原理早、山根左保、清都千恵、温井環、関口貴子

二〇〇〇年●みつけた！ぼくのわたしの好きな場所

八月二六〜二七日

主催：神山アート実行委員会、武蔵野美術大学、神山町、徳島県

会場：徳島県神山町立上分中学校（休校中）

神山アート実行委員会

委員長：西森由一、／副委員長：森藤典二、中垣宏造、井上權一／委員：大南信也、森昌槻、岩丸潔、西崎哲夫、松本義明、東雅夫、松井佑夫、竹内利夫、大門康介、阿部健治／顧問：中谷浩治／事務局：西森規夫、山口純一、三角敏明

武蔵野美術大学

教員：今井良朗、橋本染司、瓦井秀和、長内研二／大学企画広報：池田菊雄、加藤徹／視覚伝達デザイン学科三年生：村本浩二／基礎デザイン学科三年生：谷口吾郎／油絵学科三年生：湯浅克俊、鈴木梨紗子／映像学科大学院生：青木香織／短大美術科二年生：関政世／芸術文化学科二年生：岡田江利香、萩野剛司、小林香織、瀬川佐和子、関口貴子／一年生：岡内秀明、大久保昌彦、北澤智豊、梅田理恵、芳川奈穂、坂戸育美、沖崎梢、高橋実和、光井彩乃、清水友紀、笠井大介、猪狩朋子、眞野亜弓、龍島由里子、蔵田八代衣

とくしま・東方・験・文・録○勝浦アーツ

二〇〇一年●わくわくショップ勝浦　ビッグ星★祭り——光と影で遊ぼう——

三月一〇〜一一日

主催：坂本グリーンツーリズム実行委員会、武蔵野美術大学、勝浦町、徳島県

会場：徳島県勝浦町旧坂本小学校体育館

わくわくショップ勝浦実行委員会

委員長：山田善章、副委員長：海川喜男／会計：中川進夫／委員：若木肇、山田宗夫、横山矩仁男、細川寛、新居雄彦、森敏治、美馬彰、吉守孝、末広孝好、中西明文、上平士郎、杉本義弘、新居和、新居百合子、佐藤啓子、弦本和子、湯浅照子、広野定子、北山明子、新居正志／事務局：隠台千鶴、玉置守、河野稔彦、上野弘一朗

武蔵野美術大学

教員：今井良朗、楫義明／補助：瀧本佳子助手、落合佐和子助手／大学企画広報：野口繁人／インストラクター：石田真理／視覚伝達デザイン学科三年生：村本浩二／油絵学科三年生：鈴木梨紗子／芸術文化学科二年生：萩野剛司、関口貴子、朴讃治／一年生：岡内秀明、沖崎梢、北澤智豊、蔵田八代衣、清水友紀、眞野亜弓、光井彩乃、芳川奈穂

とくしま・東方・験・文・録〇神山アーツ
二〇〇一年●ペタペタゆらゆら風あそび　神山スギをつくろう!

八月二五〜二六日
主催：神山アート実行委員会、武蔵野美術大学、神山町、徳島県
会場：徳島県神山町立上分中学校（休校中）

神山アート実行委員会
委員長：西森由一／副委員長：森藤典二、中垣宏造、井上權一／委員：大南信也、森昌槻、岩丸潔、西崎哲夫、松本義明、東雅夫、松井佑夫、竹内利夫、大門康介、阿部健治、小竹勝仁／事務局：西森規夫、山口純一、三角敏明／造形ワークショップ研究員：田中陽子、恩地元子

武蔵野美術大学
教員：今井良朗、橋本染司、瓦井秀和／大学企画広報：池田菊雄、須藤周子／補助：落合佐和子助手／視覚伝達デザイン学科四年生：村本浩二／芸術文化学科三年生：小林香織、関口貴子／二年生：眞野亜弓、大久保昌彦、清水友紀、芳川奈穂、岡内秀明、光井彩乃、沖崎梢、北澤智豊／一年生：木下朋子、山田毅、渡辺貴美、渡辺乃梨、小黒加奈子、下岡麻美、柴田千恵、田中宏枝、山越美沙子、桑原真実、山本佳奈子

とくしま・東方・験・文・録〇勝浦アーツ
二〇〇二年●わくわくショップ勝浦　勝浦の色を探そう!

三月九〜一〇日
主催：坂本グリーンツーリズム実行委員会、武蔵野美術大学、勝浦町、徳島県
会場：徳島県勝浦町ふれあいの里さかもと

坂本グリーンツーリズム実行委員会
委員長：海川喜男、副委員長・会計：中川進夫、委員：新居雄彦、若木肇、上平士郎、横山矩仁男、杉本義弘、森敏治、佐藤啓子／勝浦町産業振興課：隠台千鶴、笠松正利

武蔵野美術大学
教員：鈴木民保、橋本染司、瓦井秀和／大学企画広報：池田菊雄、須藤周子／補助：落合佐和子助手、山本誠教務補助、遠崎高平教務補助／芸術文化学科三年生：後藤温子、丹羽あゆ美／一年生：小黒加奈子、桑原真実、下岡麻美、鎮原幸太、永山裕一郎、鈴木智恵、紙谷史子、渡辺貴美、印幡真由美、直塚郁、小澤友見、杉本千春、三澤慶典、岡田有美子

とくしま・東方・験・文・録〇神山アーツ
二〇〇二年●見つけた!・神山のゆかいななかまたち!――オリジナル色紙を使ってコラージュ作品をつくろう

八月二五〜二六日
主催：神山アート実行委員会、武蔵野美術大学、神山町、徳島県
会場：徳島県神山町立上分中学校（休校中）

神山アート実行委員会
委員長：西森由一／副委員長：森藤典二、中垣宏造、井上權一／委員：東雅夫、松井佑夫、竹内利夫、大門康介、大南信也、阿部健治、森昌槻、小竹勝仁、岩丸潔、西崎哲夫、松本義明／事務局：西森規夫、山口純一、三角敏明

武蔵野美術大学
教員：今井良朗、瓦井秀和／補助：落合佐和子助手、山崎雅子教務補助、小林由佳子教務補助／芸術文化学科二年生：高橋雄三、下岡麻美／一年生：佐藤未南子、戸澤潤一、森田恵梨子、川村一雄

〇神山アーツ
二〇〇三年●家じゃない家で服じゃない服をきて自分じゃない自分になっちゃおう!!

八月二四〜二五日
主催：神山アート実行委員会、武蔵野美術大学芸術文化学科、神山町
会場：徳島県神山町立上分中学校（休校中）

神山アート実行委員会
委員長：西森由一／副委員長：森藤典二、中垣宏造、井上權一／委員：大南信也、森昌槻、岩丸潔、西崎哲夫、松本義明、東雅夫、松井佑夫、竹内利夫、

小竹勝仁、西森規夫、三角敏明、山口純一／事務局：大門康介、阿部健治、阿部功

武蔵野美術大学

教員：今井良朗、米徳信一、鈴木民保／補助：山崎雅子助手、落合佐和子助手／芸術文化学科二年生：森田恵梨子、渡辺真太郎、酒井克直／一年生：小澤友美、黒部順子、中西由紀恵、高田悠希子

二〇〇四年●あ、自分の「あと」みっけ！ーはじまりは一本のせんー

八月二一～二二日

主催：神山アート実行委員会、武蔵野美術大学芸術文化学科、神山町

会場：徳島県神山町立上分中学校（休校中）

神山アート実行委員会

委員長：西森由一／副委員長：森藤典二、中垣宏造、井上權一／委員：大南信也、森昌槻、岩丸潔、西崎哲夫、松本義明、東雅夫、松井佑夫、竹内利夫、大門康介、阿部健治、小竹勝仁／事務局：西森規夫、三角敏明、山口純一

武蔵野美術大学

教員：鈴木民保、米徳信一、瓦井秀和／補助：山崎雅子助手、柴田恵子教務補助／芸術文化学科三年生：森田恵梨子／二年生：黒部順子、渡辺真太郎、酒井克直、高田悠希子／一年生：和地春佳、菊川知美、片岡真梨枝、大原汐里、中村郁代、田中優花、岡田侑、吉倉千尋

二〇〇五年●ナニコレ！？ 神山ナニコレ美術館

七月二三～二四日

主催：神山アート実行委員会、武蔵野美術大学芸術文化学科、神山町

会場：徳島県神山町立上分中学校（休校中）

神山アート実行委員会

委員長：西森由一／副委員長：森藤典二、中垣宏造、井上權一／委員：大南信也、森昌槻、岩丸潔、東雅夫、松井佑夫、竹内利夫、大門康介、阿部健治、小竹勝仁／事務局：西森規夫、三角敏明、山口純一

武蔵野美術大学

教員：鈴木民保、米徳信一、瓦井秀和／補助：山崎雅子助手、印幡真由美教務補助、山田毅教務補助／芸術文化学科四年生：黒崎淳友／三年生：門倉緑、高田悠希子／二年生：中野千春、三田真由美、永田絢子／一年生：林絵梨佳、井尾鉱一、関根祥子、宮崎萌香、中根剛、松原由布子

二〇〇六年●町へとびだせ！！　イロイロワイワイ色職人

八月五～六日

主催：神山アート実行委員会、武蔵野美術大学芸術文化学科、神山町

会場：徳島県神山町立上分中学校（休校中）

神山アート実行委員会

委員長：西森由一／副委員長：井上權一／委員：東雅夫、松井佑夫、竹内利夫、大門康介、阿部健治、小竹勝仁／事務局：西森規夫、三角敏明、山口純一

武蔵野美術大学

教員：鈴木民保、米徳信一、瓦井秀和／補助：山崎雅子助手、山田毅教務補助／芸術文化学科三年生：中野千春、三田真由美、永田絢子、吉川久美子／二年生：国松知美、宮崎萌香、横尾千穂、松原由布子／一年生：相曽晴香、竹内那美、柳麻美、山田庸平、荒木真美恵、小池将樹、根岸洋明

二〇〇七年●かわる　かざる　上分中　かわる

八月四～五日

主催：神山アート実行委員会、武蔵野美術大学芸術文化学科、神山町

協力：NPO法人グリーンバレー

会場：徳島県神山町立上分中学校（休校中）

神山アート実行委員会

委員長：西森由一、副委員長：井上權一／委員：松原和彦、竹内利夫、阿部健治、東雅夫／事務局：西森規夫、三角敏明、山口純一

武蔵野美術大学

教員：鈴木民保、米徳信一、瓦井秀和、川本雅子、補助：山田毅助手／芸術文化学科四年生：永田絢

子、中野千春、三田真由美／三年生：宮崎萌香、国松知美、横尾千穂／一年生：赤松千春、梅澤友紀、神野智彦、久保山里奈、酒井茜、志賀真智子、中馬彩、森久美子

二〇〇八年●『ファンタスティック・カミヤマ』たまごで　ならべて　しちへんげ

八月二日〜三日

主催：神山アート実行委員会、武蔵野美術大学芸術文化学科、神山町

協力：NPO法人グリーンバレー

協賛：地域ICT未来フェスタかみやま実行委員会

会場：徳島県神山町立上分中学校（休校中）

神山アート実行委員会

委員長：西森由一／副委員長：井上權一／委員：金泉裕幸、松原和彦、松井佑夫、竹内利夫、大門康介、阿部健治、小竹勝仁、山本佑樹、宮本洋平、山口悠太、松原康平、事務局：西森規夫、三角敏明、山口純一

武蔵野美術大学

教員：鈴木民保、米徳信一、今井良朗、瓦井秀和／補助：山田毅助手、清水真沙実教務補助、江戸広美教務補助／芸術文化学科一年生：石島蓉子、内田麻美子、岸本麻衣子、田中美帆、濱川夏希、師田有希

二〇〇九年●3・2・1で　おどる顔

八月一〜二日

主催：神山アート実行委員会、武蔵野美術大学芸術文化学科、神山町

協力：NPO法人グリーンバレー

会場：徳島県神山町立上分中学校（休校中）

神山アート実行委員会

委員長：西森由一／副委員長：井上權一／委員：金泉裕幸、松井佑夫、竹内利夫、松原和彦、大門康介、阿部健治、小竹勝仁、山本佑樹、山口悠太、松原康平／事務局：西森規夫、三角敏明、山口純一

武蔵野美術大学

教員：鈴木民保、米徳信一／補助：加村翔教務補助、渡辺真太郎教務補助／芸術文化学科三年生：豊田久仁子、チョ・ウンジ／二年生：内田麻美子、田中美帆、石島蓉子／一年生：神山菜月、小泉涼子、栗原侑花、塩川直子

二〇一〇年●ノンストップ！　にじむごしょくのなぞ

七月三一〜八月一日

主催：神山アート実行委員会、武蔵野美術大学芸術文化学科、神山町

共催：NPO法人グリーンバレー

会場：徳島県神山町立上分中学校（休校中）

神山アート実行委員会

委員長：西森由一／副委員長：森藤典二、井上權一／委員：大南信也、森昌槻、岩丸潔、金泉裕幸、松原和彦、松井佑夫、竹内利夫、大門康介、阿部健治、小竹勝仁／事務局：西森規夫、三角敏明、山口純一

武蔵野美術大学

教員：鈴木民保、米徳信一／補助：山田毅助手、石田翠教務補助／芸術文化学科四年生：太田直樹、山口貴士、豊田久仁子、チョ・ウンジ／二年生：神山菜月、塩川直子／一年生：小田一也、長谷川咲、松川真子

二〇一一年●レッツモーション！アニメーション！！

八月六〜七日

主催：神山アート実行委員会、武蔵野美術大学芸術文化学科、神山町

共催：NPO法人グリーンバレー

会場：徳島県神山町立上分中学校（休校中）

神山アート実行委員会

委員長：西森規夫／副委員長：三角敏明／委員：西森由一、大南信也、森昌槻、岩丸潔、金泉裕幸、松原和彦、井上權一、竹内利夫、和田修、阿部健治、小竹勝仁／事務局：山口純一

武蔵野美術大学

教員：鈴木民保、米徳信一／補助：山田毅助手、石田翠教務補助／芸術文化学科三年生：小林美香／二年生：大滝杏奈、小田一也、金本卓也、長谷川咲、松川真子／一年生：伊藤航、遠藤啓祐、小野千絵美、

小野ゆめみ、中村玖見、堤瑛里子

二〇一二年●なぞめき！ときめき！かみやマルシェ！

七月二八～二九日
主催：神山アート実行委員会、武蔵野美術大学芸術文化学科、神山町
共催：NPO法人グリーンバレー
会場：徳島県神山町立上分中学校（休校中）

神山アート実行委員会

委員長：西森規夫／副委員長：三角敏明／委員：西森由一、大南信也、森昌槻、岩丸潔、金泉裕幸、松原和彦、井上權一、竹内利夫、和田修、阿部健治、小竹勝仁／事務局：山口純一

武蔵野美術大学

教員：鈴木民保、米徳信一／補助：高橋薫教務補助／芸術文化学科四年生：小林美香／三年生：大滝杏奈、小田一也、松川真子／二年生：小野ゆめみ、中村玖見、山中麻美／一年生：菅野悠実

二〇一三年●どの村つくる？この村つくる！　みんなくるくる神山GO！！

七月二七～二八日
主催：神山アート実行委員会、武蔵野美術大学芸術文化学科、神山町
共催：NPO法人グリーンバレー
会場：徳島県神山町立上分中学校（休校中）

神山アート実行委員会

委員長：西森規夫／副委員長：三角敏明／委員：西森由一、大南信也、森昌槻、岩丸潔、金泉裕幸、松原和彦、井上權一、竹内利夫、和田修、阿部健治、小竹勝仁／事務局：山口純一

武蔵野美術大学

教員：鈴木民保、米徳信一／補助：高橋薫教務補助／大学院一年生：小林美香／芸術文化学科四年生：大滝杏奈、小田一也、長谷川咲、松川真子、山下満／三年生：小野ゆめみ、中村玖見、山中麻美／二年生：浅井光季、岩澤まり、川村真央、菅野悠実、吉田有里／一年生：尾高真琴、加藤久智、宮井凛太郎

二〇一四年●主役は君だ！KAMIフェスヘイ！ラッシャイ　サンシャイン！

八月二～三日
主催：神山アート実行委員会、武蔵野美術大学芸術文化学科、神山町
共催：NPO法人グリーンバレー
会場：徳島県神山町立上分中学校（休校中）

神山アート実行委員会

委員長：西森規夫／副委員長：三角敏明／委員：西森由一、大南信也、岩丸潔、金泉裕幸、松原和彦、和田修、阿部健治、山口悠太、山本佑樹、山口良文／事務局：山口純一

武蔵野美術大学

教員：米徳信一、是枝開／補助：大内雄馬教務補助／大学院二年生：小林美香／芸術文化学科三年生：杉野真結美／二年生：糸数恵那、菊池美沙、木村ほなみ、笹原理永／一年生：福崎陸央、村上芽来

二〇一五年●親子で楽しむ神山アート運動会

八月一～二日
主催：神山アート実行委員会、武蔵野美術大学芸術文化学科、神山町
協力：NPO法人グリーンバレー
会場：徳島県神山町立上分中学校（休校中）

神山アート実行委員会

委員長：西森規夫／副委員長：三角敏明／委員：西森由一、大南信也、岩丸潔、金泉裕幸、松原和彦、和田修、阿部健治、山口悠太、山本佑樹、山口良文／事務局：山口純一

武蔵野美術大学

教員：米徳信一、是枝開／補助：北嶋勇祐助手／芸術文化学科二年生：小林奈々、鈴木菜央／一年生：大倉七海、草野孝一、張潤隆、済藤玖美、本藤はるか、山崎栞奈、眞岸花菜、本野慎之介、坊古居将平、小林京香、佐藤花保、今井奈津子、湯浅美樹

長野県　安曇野アートライン・サマースクール

二〇〇二年●あなたの感じる安曇野をかたちに

八月二四～二五日
主催：安曇野アートライン推進協議会
共催：安曇野ちひろ美術館、武蔵野美術大学芸術文化学科、松川村、松川村グリーンツーリズム推進協議会
協力：ガーデンクラブ安曇野
会場：安曇野ちひろ美術館
講師：島添昭義（造形作家）

安曇野ちひろ美術館
竹迫祐子、松澤理佳、船本裕子、柳川あずさ

松川村グリーンツーリズム推進協議会
勝野恒雄、武田武、宮沢文人、浅原政雄、牛越克巳、平林昇

ガーデンクラブ安曇野
坂本剛、坂本宣子

松川村経済課
鈴木智、白沢庄市、高橋宏光、和田考市、尾曽千広、柳澤琢磨

武蔵野美術大学
教員：今井良朗／芸術文化学科三年生：北澤智豊、蔵田八代衣、小林香織、白木栄世／一年生：イン・ビヨル、櫻林恵美理、西山栄美、巻木かおり、宮澤来美、遊佐樹里、和田来未

二〇〇三年●のぞいてみようよ安曇野を！つくってみようよぼくらの王国！

八月三〇～三一日
主催：安曇野アートライン推進協議会
共催：安曇野ちひろ美術館、武蔵野美術大学芸術文化学科、松川村、松川村グリーンツーリズム推進協議会
会場：安曇野ちひろ美術館

安曇野ちひろ美術館
竹迫祐子、上島史子、松澤理佳、宍倉恵美子、柳川あずさ

松川村グリーンツーリズム推進協議会
勝野恒雄、武田武、宮沢文人

松川村経済課
白沢庄市、平林大毅、尾曽千広、柳澤琢磨

武蔵野美術大学
教員：今井良朗、米徳信一／補助：山崎雅子助手／芸術文化学科四年生：北澤智豊、蔵田八代衣／三年生：藤岡匠子、横井麻衣子／二年生：遊佐樹里、和田来未、西山栄美、森田恵梨子／一年生：樋熊冬野、尾崎有沙、柳沢愛子、出原拓也、吉村晋吾、杉原環樹、高田悠希子

二〇〇四年●みんなでさけぼう「あずみっけ！！」音ぬしさまみーつけた

七月三一～八月一日
主催：安曇野アートライン推進協議会
共催：安曇野ちひろ美術館、武蔵野美術大学芸術文化学科、松川村、松川村グリーンツーリズム推進協議会
会場：安曇野ちひろ美術館
講師：原田和夫（造形作家）

安曇野ちひろ美術館
上島史子、松澤理佳、宍倉恵美子、

松川村グリーンツーリズム推進協議会
勝野恒雄、浅原政雄、宮沢文人

松川村経済課
平林大毅

武蔵野美術大学
教員：今井良朗、米徳信一／補助：越村直子助手／芸術文化学科二年生：柳澤愛子、樋熊冬野、尾崎有紗、渡辺真太郎、酒井克直、高田悠希子／一年生：内藤佳奈子、中野千春、鈴木彩香、斉藤優子、三田真由美、戸田歩、永田絢子、吉倉千尋

二〇〇五年●風、青い空、ぼくもわたしもひらひらたなびく！

七月三〇～三一日
主催：安曇野アートライン推進協議会
共催：安曇野ちひろ美術館、武蔵野美術大学芸術文化学科、松川村、松川村グリーンツーリズム推進協議会

会場：安曇野ちひろ美術館
安曇野ちひろ美術館
上島史子、松澤理佳、宍倉恵美子、柳川あずさ
松川村グリーンツーリズム推進協議会
宮沢文人、武田武、牛越克巳
松川村経済課
尾曽千広
武蔵野美術大学
教員：今井良朗、米徳信一、鈴木民保／補助：山崎雅子助手、山田毅教務補助／芸術文化学科四年生：黒崎淳友／三年生：高田悠希子／二年生：中野千春、三田真由美、永田絢子／一年生：林絵梨佳、井尾鉱一、関根祥子、宮崎萌香、中根剛、松原由布子

二〇〇六年●村へとびだせ！！　イロイロワイワイ色職人
七月二九～三〇日
主催：安曇野アートライン推進協議会
共催：安曇野ちひろ美術館、武蔵野美術大学芸術文化学科、松川村、松川村グリーンツーリズム推進協議会
会場：安曇野ちひろ美術館
安曇野ちひろ美術館
宍倉恵美子、柳川あずさ、笠原涼子
松川村グリーンツーリズム推進協議会
勝野恒雄、宮沢文人、牛越克巳
松川村経済課
仲川達也
武蔵野美術大学
教員：今井良朗、鈴木民保、米徳信一／補助：山崎雅子助手、山田毅教務補助／芸術文化学科三年生：中野千春、三田真由美、永田絢子、吉川久美子／二年生：国松知美、宮崎萌香、横尾千穂、松原由布子／一年生：相曽晴香、竹内那美、柳麻美、山田庸平、奥村知恵

二〇〇七年●チョキチョキ、ペッタン　ただいま安曇野はりかえ中！！
七月二八～二九日
主催：安曇野アートライン推進協議会
共催：安曇野ちひろ美術館、武蔵野美術大学芸術文化学科、松川村
会場：安曇野ちひろ美術館
安曇野ちひろ美術館
宍倉恵美子、柳川あずさ、大滝智子
松川村：勝野恒雄／松川村経済課：仲川達也／松川村公民館：奥原千恵
松川村お宅訪問受け入れ
大澤芳雄、奥野勝久、熊岡稔、榛葉良子、角田房子、平林昇
武蔵野美術大学
教員：今井良朗、鈴木民保、米徳信一、川本雅子／芸術文化学科四年生：永田絢子、中野千春、三田真由美／三年生：国松知美、宮崎萌香、横尾千穂／一年生：赤松千春、梅澤友紀、神野智彦、久保山里奈、酒井茜、志賀真智子、中馬彩、森久美子

二〇〇八年●みんなで見上げよう、今日だけの空
八月九～一〇日
主催：安曇野ちひろ美術館、武蔵野美術大学芸術文化学科、松川村
共催：安曇野アートライン推進協議会
会場：松川村公民館
安曇野ちひろ美術館
柳川あずさ、大滝智子、宍倉恵美子
松川村：勝野恒雄／松川村公民館：椥澤俊明、奥原千恵
松川村お宅訪問受け入れ
尾曽保子、丸山友昭、柳本真、今水茂、立花健経、野間寿一、池原和雄、平林昇
武蔵野美術大学
教員：今井良朗、川本雅子、加島卓／補助：戸田歩教務補助／芸術文化学科四年生：国松知美、宮崎萌香、横尾千穂／二年生：神野智彦、志賀真智子、山口ゆかり／一年生：阿部葉子、大森沙樹子、高梨千恵、中川香南、古市彩佳、矢野良太／卒業生：北澤智豊、永田絢子、中野千春、三田真由美

安曇野まつかわサマースクール

二〇〇九年●畑に集まれ！お野菜たんけん　始まるよ

八月八〜九日
主催：安曇野まつかわサマースクール実行委員会
共催：安曇野ちひろ美術館、武蔵野美術大学芸術文化学科、松川村
会場：すずの音ホール

安曇野ちひろ美術館
柳川あずさ、駒田賢一、宍倉恵美子

松川村公民館
後藤館長、槲澤俊明、仲川達也、梨子田大輔、田原正子、高山智子

武蔵野美術大学
教員：川本雅子／補助：戸田歩教務補助／芸術文化学科三年生：山口ゆかり／二年生：阿部菜子／一年生：清水輝広、渡辺志保里、萱沼萌、清水直樹、鈴木廉、平岩沙奈美／卒業生：国松知美、永田絢子、横尾千穂

二〇一〇年●ギャオーン！ぼくらのあずみのモンスター！！！

七月三一〜八月一日
主催：安曇野まつかわサマースクール実行委員会
共催：安曇野ちひろ美術館、武蔵野美術大学芸術文化学科、松川村
会場：すずの音ホール

安曇野ちひろ美術館
阿部恵、柳川あずさ、駒田賢一、矢野ゆう子

松川村公民館
茅野英太郎、槲澤俊明、山田渡、梨子田大輔、長谷川陽一、田原正子、高山智子、小池誠

武蔵野美術大学
教員：川本雅子／補助：中野可南子教務補助／芸術文化学科四年生：山口ゆかり／三年生：矢野良太、清水晶子／二年生：渡辺志保里／一年生：久保田舞、児玉愛／卒業生：国松知美、永田絢子、横尾千穂、中野千春、宮崎萌香、三田真由美

二〇一一年●めぐるぐるぐるおいしい記憶

七月三〇〜三一日
主催：安曇野まつかわサマースクール実行委員会
共催：安曇野ちひろ美術館、武蔵野美術大学芸術文化学科、松川村
会場：すずの音ホール

安曇野ちひろ美術館
阿部恵、柳川あずさ、長井瑶子

松川村公民館
大澤浩、山田渡、梨子田大輔、長谷川陽一、竹迫亮平、田原正子、高山智子、小池誠

松川村生活改善グループ連絡協議会
平林和子、榛葉良子、平林芳子、平林定子

松川村
牛越克己、坂本宣子、平林昇、榛葉良行、榛葉まり子

武蔵野美術大学
教員：今井良朗、川本雅子／補助：内田阿紗子／芸術文化学科四年生：阿部菜子／二年生：石橋千裕、久保田舞、濱田夏実／一年生：芦川里奈／芸術文化政策コース修士一年生：石橋怜央奈、真砂恵美／卒業生：永田絢子、横尾千穂、中野千春、宮崎萌香、三田真由美、吉川久美子

二〇一二年●めくるめく！安曇野カルタであ・い・う・え・お

八月三日
主催：安曇野まつかわサマースクール実行委員会
共催：安曇野ちひろ美術館、武蔵野美術大学芸術文化学科、松川村生活改善グループ連絡協議会、松川村
会場：すずの音ホール

安曇野ちひろ美術館
柳川あずさ、長井瑶子、川口恵子

松川村公民館
大澤浩、山田渡、梨子田大輔、長谷川陽一、竹迫亮平、田原正子、高山智子、小池誠

松川村生活改善グループ連絡協議会
平林和子、榛葉良子

松川村

牛越克己、坂本宣子、平林昇、榛葉良行、榛葉まり子

武蔵野美術大学

教員：今井良朗、杉浦幸子、川本雅子／補助：森啓輔助手、吉田舞衣教務補助／芸術文化学科四年生：洪如觀／三年生：加藤三南子、久保田舞、濱田夏実、光門映恵／芸術文化政策コース修士二年生：パク・ヒジュ、真砂恵美、大山香苗、中村紗規

安曇野まつかわフォーラム

二〇一四年●食と農　2014

八月四日

主催：安曇野まつかわサマースクール実行委員会

協力：松川村生活改善グループ連絡協議会、松川村の暮しと行事食を伝える会、松川村、武蔵野美術大学芸術文化学科

会場：すずの音ホール　調理実習室、研修室

松川村生活改善グループ連絡協議会・松川村の暮らしと行事食を伝える会

平林和子、榛葉良子、中丸操、三原良子、行木ちづる、伊藤恭子、榛葉八重子、渡辺良枝、小林裕子、茅野まゆみ、鈴木省子、山﨑栄子、尾曽保子、山田早苗、古原育子、平林芳子、佐藤泉、宮澤登紀子、宮沢恵美子

松川村

尾曽千広

武蔵野美術大学

教員：今井良朗、補助：濱田夏実教務補助／芸術文化学科四年生：渡邉智巳／三年生：蕪山ゆり、四方田七穂／二年生：菊池里々花／一年生：吉田彩乃、渡瀬雅子／油絵学科四年生：相川瑠里／フォーラム参加：山根宏文（松本大学）、宮崎詞美（横浜美術大学）

二〇一五年●食と農 2　2015

八月二二〜二三日

主催：安曇野まつかわサマースクール実行委員会

協力：松川村生活改善グループ連絡協議会、松川村の暮しと行事食を伝える会、松川村、武蔵野美術大学芸術文化学科

会場：すずの音ホール　調理実習室、研修室、収蔵庫（米蔵・旧農協第二倉庫）

松川村生活改善グループ連絡協議会・松川村の暮らしと行事食を伝える会

平林和子、榛葉良子、中丸操、三原良子、行木ちづる、伊藤恭子、榛葉八重子、渡辺良枝、小林裕子、茅野まゆみ、鈴木省子、山﨑栄子、尾曽保子、山田早苗、古原育子、平林芳子、佐藤泉、宮澤登紀子、宮沢恵美子

松川村

古畑元大、青沼宏和、平林美帆、尾曽千広

武蔵野美術大学

教員：今井良朗、補助：濱田夏実、高木花文教務補助／芸術文化学科三年生：菊池里々花、佐藤千裕、佐藤友梨、徳久朋子、上野綾夏、岩田実貴、横塚成美、小林礼奈／二年生：渡瀬雅子、杉浦萌野

本書をまとめるにあたり、北海道網走市、徳島県神山町、長野県安曇野松川村の事例を挙げた。しかしこの十数年、これらの地域以外にも福島県南会津町、東京都立川市との共同ワークショップもある。内容は紹介できなかったが、関係者および参加した学生の氏名を一覧にしておきたい。

福島県南会津町「おらが芸品館プロジェクト」

二〇〇八年〜二〇一三年

事務局：大桃一浩、二瓶浩明、星洋一

実行委員：西村猛、越智尚子、田野賢作、黒羽俊之

武蔵野美術大学

教員：今井良朗、杉浦幸子、加島卓／補助：森啓輔、内田阿紗子、相曽晴香教務補助

芸術文化政策コース修士：吉川久美子、瀬古春佳、内山結美子、ソ・ムンジン、梅村祐子／芸術文化学科学生：山下晶希、相曽晴香、田口貴洋、伊藤貴弘、川瀬優、酒井茜、大森沙樹子、小館百子、硤合恵子、茅島真子、棚田絵理子、馬渕彩、瀧田梨可（二〇〇九年）

芸術文化政策コース修士：瀬古春佳／芸術文化学科学生：川瀬優、茅島真子、瀧田梨可、棚田絵理子、馬渕彩、山口未央、山西亮輔／デザイン情報学科：鈴木美貴／卒業生：吉川久美子、大久保和美、波多江夢実／慶應義塾大学学生：川合大地（二〇一〇年）

芸術文化政策コース修士：西川可奈子、岩橋怜央奈、真砂恵美／芸術文化学科学生：芦川里奈、石橋千裕、濱田夏実、久保田舞、石川智宗、大森沙樹子、茅島真子（二〇一一年）

芸術文化政策コース修士：中村紗規、吉田絵美、大山香苗／芸術文化学科学生：石橋千裕、石川智宗（二〇一二年）

芸術文化政策コース修士：石井友理、中澤優衣、信田光穂、ユン・ヒョヨン、渡邉早織、浅利瑠璃、渡邉智巳、石橋千裕、太田ことみ、大槻陽香（二〇一三年）

東京都立川市「地域デザインプロジェクト」

二〇一四年〜

武蔵野美術大学

教員：今井良朗／補助：濱田夏実、高木花文教務補助／芸術文化学科学生：小野千絵美、渡邉智巳、四方田七穂、無山ゆり、菊池里々花、渡瀬雅子、吉田彩乃（二〇一四年）

菊池里々花、佐藤千裕、佐藤友梨、徳久朋子、岩田実貴、上野綾夏、横塚成美、小林礼奈、渡瀬雅子、杉浦萌野、木下愛乃、高橋寛生、宮武聖一郎、柳沢果永（二〇一五年）

川本雅子さんには、徳島県神山町、長野県安曇野松川村のワークショップを教務補助、助手、非常勤講師として、二〇〇二年から二〇一三年まで関わっていただいた。

また、記述や資料データの正確さを期すために、一章の神山町は、山口純一さん（神山町総務課）、二章網走市は、古道谷朝生さん（網走市立美術館長）、三章安曇野松川村は、項目ごとに竹迫祐子さん（安曇野ちひろ美術館副館長）、平林和子さん、榛葉良子さん（松川村生活改善グループ連絡協議会）、尾曽千広さん（松川村教育委員会社会教育課）に原稿の確認をしていただいた。心から感謝したい。

安曇野まつかわサマースクールのデータは、二〇一三年度卒業生久保田舞さんが作成した『安曇野まつかわサマースクール一〇周年記念誌』が役立った。安曇野絵本プロジェクトの記述にあたっては、二〇一三年度卒業生濱田夏実さんをはじめ、メンバーの会議録やインタビューを活用した。表紙は絵本から、菊池里々花さんの絵を使ったことを付記しておきたい。

著者紹介

今井良朗（いまいよしろう）

一九四六年生まれ。武蔵野美術大学造形学部産業デザイン学科卒業。一九八三年武蔵野美術大学着任、一九九九年まで視覚伝達デザイン学科教授、一九九九〜二〇一六年、芸術文化学科教授。専門は視覚表象論、メディア研究、コミュニケーション・デザイン。一九七六年から武蔵野美術大学美術資料図書館（現 美術館・図書館）のポスターコレクション、絵本コレクションの体系化に従事、同館副館長（一九九四〜二〇〇〇年）。絵本学会理事、同学会事務局長、会長を歴任。一九八九〜一九九一年『武蔵野美術大学六〇年史』の編集。著書に『絵本の視覚表現—そのひろがりとはたらき』（共著、日本エディタースクール出版部、二〇〇二年）『絵本の事典』（共著、朝倉書店、二〇一一年）『絵本とイラストレーション　見えることば、見えないことば』（編著、武蔵野美術大学出版局、二〇一四年）ほか。

一九七六年「近代日本印刷資料展」の企画にはじまり、ポスター、絵本、デザインに関する展覧会を手がける。「アングラ　日本のポスターアヴァンギャルド一九六〇〜一九八〇年」（二〇〇一年）「絵本におけることばとイメージ展」（二〇〇五年）「ポーランドのポスター　フェイスあるいはマスク展」（二〇一四年）ほか。

おわりに

本書は、表題にワークショップがついているように、これまで行ってきたワークショップをまとめたものには違いない。しかし、「はじめに」でも触れたように、私にとっては思考と活動の手法の一つとして行ってきたものだ。四つの章を通して頻繁に記している言葉がいくつかある。「記憶」「イメージ」「関係性」「相互扶助」「複合の眼差し」がそうである。

この一〇年あまり、「記憶」は主要なテーマであり、そこから「記憶とイメージ」「記憶の表象」「記憶と記録」などについて考えてきた。絵本やポスターなど視覚表現について研究することが主たる専門分野であるが、ワークショップは、それらの研究と無縁ではないと思っている。「記憶とイメージ」や「ことばとイメージ」について考えていく上で、ワークショップは視点と方法論を変えた実践的な考察の場と位置づけているからである。

「記憶の現在性」「記憶の再記憶化」について本書でも触れたが、私にとっては、小学校低学年のころの記憶が今でも鮮明によみがえる。一年生のとき「朝の観察日記」を毎日課された。通学時に何か一つ観察し簡単な絵と文を提出しなければならない。最初は課題もそうだが、二〇分早く家を出ることが辛かった。ところが少しずつ見つける楽しさに変わっていったことを覚えている。二〜三年生では、自然観察を全員が分担し、百葉箱係、雲や風向き、植物や動物観察係などに分かれ、毎日一枚にまとめる作業を行った。小学校二年生で新聞の天気図が読め、雲の名前もほとんどわかっていた。今考えれば不思議な気がするが、身体で感じとること、学び、知識、遊びが一体になっていたように思う。

最近、偶然に当時の国語の教科書（一九五一年、五二年発行）に触れる機会があった。そこには絵だけで文字のないところが何ページもある。描かれているのは学校や家庭で過ごす子どもたちの情景である。戦後国語教科書の編纂に携わった前沢明さんは、絵から言葉を引き出す。「話す」「聞く」ための言語活動が展開できるように、絵を中心にする編集意図があったのだという。教科書のことは忘れていたが、実物を見ることで記憶がよみがえり、観察記録をまとめるときも、頻繁に話し合っていたことを思い出す。さまざまな「もの」や「こと」が絵を見ながら関係づけられて言葉になっていく。このような教科書の使用は長くは続かなかったそうだが、私はたまたまその時代に立ち会っていたことになる。

この時期の記憶が、事あるごとによみがえるのは、教育、研究に携わる者として、また生きる上でも原点になっていると自覚しているからである。国語教育は、言葉や文法を覚えること、文章表現が中心になっているが、絵を読むこと、情動も言語教育には含まれる。一方美術教育は、絵を描くこと、技術に重きを置くが、背景には豊かな言葉がある。すべての「もの」や「こと」は関係づけられている。日常の生活を振り返れば、身近にあるさまざまなものを結びつけ、まとまりのある情景として認識している。言葉は、「話す」「聞く」「読む」ことによって、相互に関係づけられ意味や場の認識を共有する。

どのようなものも単独では成り立たない。アートやデザインも同様である。たとえば画家がどんなに大きな絵を描いたとしても、発表しなければ誰も絵の存在を知ることはない。デザインも生活から見ていくと、テーブルや椅子は、人が座り使うという行為によって意味を持つ。さらに、食事や仕事など、どのような場所でどのように使われるのか、一人か複数なのか、使う人の価値観や置かれる環境の中で関係性も変わる。私たちの生活は、あらゆる「もの」や「こと」で関係づけられている。そこにアートやデザインが織り込まれているとすれば、造形だけで考える必要もない。音楽と美術も生活の中で密接に繋がっているし、演劇もそうだ。

アートやデザインを学ぶ美術大学の特殊性についても考えてみる必要がある。何よりも周りから特別ではなく特殊と見られることが、横断的な思考や関係性の探究を妨げているところもある。芸術系、文系、理系と区分するより、柔軟に考えることも必要だろう。美術大学だからできることをあらためて認識することも重要になってくる。デジタルやネット環境が生活に占める割合が大きくなるほど、全身体を通して学ぶことの意義が高まるからである。

大学も社会により一層開かれた関係を求められるようになっている。造形芸術活動を基盤に持つ美術大学が果たす役割は、今後ますます高まるだろう。専門家としての人材の育成だけでなく、日常的にも芸術と地域社会の新しい在り方を大学自らがつくり出し寄与していかなければならない。専門性を地域に還元していくことや、コミュニティづくりにアートやデザインを活かしていくことも新しい生涯教育の在り方だろう。専門家はもちろんさまざまな役割を持った繋ぎ手が重要な役割を担うことは、網走、神山、安曇野の例からも明らかである。専門家、住民、学生などが互いの価値観を認め合い、共同で新たな「場」をつくり出そうとしている。

本書の執筆は、武蔵野美術大学芸術文化学科の教員とスタッフ、一期生から現在までの多くの卒業生と学生たち、網走、神山、安曇野での活動を支えてくださった多くの方々の協力によって実現した。発刊まで温かく見守っていただいた本学出版局の木村公子編集長、丹念に原稿に目を通していただき、編集、校正でお世話になった掛井育さん、私の意図を汲み取りデザインしていただいた西中賢さんに心からお礼申し上げる。

なお、本書は武蔵野美術大学出版助成金を受けて刊行することができた。記してお礼申し上げる。

ワークショップのはなしをしよう　芸術文化がつくる地域社会

2016年2月10日　初版第1刷発行

著者　今井良朗

発行者　小石新八
発行所　株式会社武蔵野美術大学出版局
〒180-8566
東京都武蔵野市吉祥寺東町 3-3-7
電話　0422-23-0810（営業）
0422-22-8580（編集）

印刷・製本　図書印刷株式会社

定価はカバーに表示してあります
乱丁・落丁本はお取り替えいたします

ISBN 978-4-86463-046-7 C3037 Printed in Japan